日本語受身文の 新しい捉え方

庵 功雄【編著】

志波彩子　村上佳恵　大関浩美　定延利之
前田直子　菊地康人　増田真理子【著】

くろしお出版

まえがき

　本書は，日本語教育，日本語学に関する様々な立場から現代日本語の受身文（受動文）の新しい捉え方を提案することを目指した論文集である。

　本書誕生の機縁となったものが2つある。

　第一は，菊地康人・増田真理子（2009）「初級文法教育の現状と課題—「です・ます完全文」をテンプレートとする教育からの転換を—」（『日本語学』28巻11号）である。編者はこの論文で提示された受身文に関する捉え方に大きな影響を受けた。本書所収の菊地，増田両氏の共著論文は同論文の発展版であり，日本語教育における受身文の教え方に大きなインパクトを与えるものであるだけでなく，日本語学における受身文の議論にも強い刺激を与えるものとなっている。

　第二は，2014年に創価大学で開催された日本語教育学会春季大会における大会委員会企画パネルセッション「産出のための文法について考える—受身を例として—」である。この企画の実施に際しては紆余曲折があったが，本企画推進当時の大会委員長砂川裕一氏を初めとする大会委員の方々のご支援を得て実現することができた。関係各位に感謝申し上げます。

　本企画は好評を得て，出版の話が進められた。出版に際しては，編者とともにパネルセッションの登壇者であった大関浩美，定延利之，増田真理子各氏（増田氏は菊地康人氏との共著）に，志波彩子，村上佳恵，前田直子各氏を加えた7名の方々に執筆をお願いすることとした。

　本書の構成は次の通りである。

　第1章は，日本語学における受身文研究を概観しながら，受身文に関する新たな観点を提示する内容となっている。

　第2章は，日本語教育における受身文の扱われ方を概観しながら，受身文の導入に関する新たな論点を提示している。

　第3章は，代表的な母語話者コーパスを用いて，受身文の使用実態を多角的に考察したものである。

　第4章は，代表的な日本語学習者コーパスを用いて，学習者が受身文をどのように捉えているかを第二言語習得論の立場から多面的に考察している。

　第5章は，受身文に関する議論で取り上げられることが多い「視座」について，母語話者の意識調査を踏まえつつ説得的な議論を行っている。

　第6章は，日本語教育における受身文の導入の現状を日本語教科書の詳細な検討を踏まえて把握した上で，重要な提案を行っている。

　第7章は，本論文集誕生の機縁になったものであり，受身文の捉え方に関して日本語教育，日本語学双方に対する示唆に富む内容となっている。

　上記のように，本書は2014年開催のパネルセッションの成果に基づいている。出版までに多くの時間を要したのはひとえに編者の怠慢によるものであり，執筆者のみなさんならびに読者に深くお詫び申し上げる。

　本書の企画段階から出版までくろしお出版の池上達昭氏には大変お世話になった。ここに記して，心からの感謝の意を表します。

　この間，第7章の執筆者のお一人である増田真理子氏の訃報に接することになった。本書を増田氏にお見せできなかったことは残念でならない。増田氏のご冥福をお祈りするとともに，本書が日本語教育，日本語学における受身文の捉え方の改新に貢献することを願っている。

2022 年 11 月

庵　功雄

目　次

第1章

日本語学における受身構文

志波彩子

1. 受身文の分類をめぐって

1.1 日本語受身文の分類をめぐる2つの大きな流れ

　日本語の受身文は，これまで様々な観点から分類がなされてきたが，その分類には大きく2つの流れがある。1つは，三上（1953）や柴谷（1978），寺村（1982）によって提案，採用され，今でも最もスタンダードな分類として知られる，「直接受身（まともな受身）vs. 間接受身（はた迷惑の受身）」の対立である。この分類は，対立する能動文の有無によって受身文を大きく二分する見方で，「英語にはない受身文」ということで注目され，生成文法研究でもその構造が盛んに議論された（川村 2012）。

　一方，戦前，特に明治期の文法家たちの間では，「日本語に固有の受身か否か」という観点から有情者が主語に立つ受身と非情物が主語に立つ受身を大きく二分する観点があった（山田 1908，三矢 1908，松下 1930 等[1]）。この

1　この観点はその後あまり注目されることがなかったが，半世紀を経て，Kuroda（1979），益岡（1982）がこの観点に再び着目し，新たな視点からの受身文分析を行った。Kuroda（1979）は，動作主がニ格標示される受身文は補文構造で，「affectivity」の意味があるとした。これに対し，動作主がニヨッテで標示される受身文は移動によって生成される文で，特定の意味がないものとした。Kuroda（1979）は松下（1930）を直接には参照していないようだが，両者の議論は酷似している。これを受け，益岡（1982）は「affectivity」を「受影」と訳し，動作主がニ格標示の2つのタイプの受身文，すなわち受影受動文と後で述べる属性叙述受動文を合わせて，昇格受動文と名付けた。さらに，受影の意味のない受身文は，ガ格名詞（動作主）の降格を目的とするものであるとし，降格受動文と名付けた。

立場では，近世以前の日本語の中心的な受身は有情主語の受身で，行為者がニ格表示され，「影響を身に受ける」という意味があるものであるのに対し，近代以降に欧文翻訳の影響で広まった非情主語の受身は，特別な意味がなく，行為者は現れないが，表示される場合はニヨッテが用いられるとする（志波 2005 参照）。それぞれ，次のような受身文である。

(1)　閉会式が行われ，（会長によって）記念品が配られた。
　　　（直接受身，非情主語）

(2)　今日は先生にすごく褒められたよ。（直接受身，有情主語）

(3)　休み中は子供にずっと家にいられて，仕事ができない。
　　　（間接受身，有情主語）

　対応する能動文があるか否かという観点からは，(1)(2) が直接受身となり，(3) が間接受身である。一方，同じ有情主語である (2) と (3) には「人に～された」という構造で「人が影響を身に受ける」という意味（これを受影の意味と呼ぶ）を表すという共通性がある。

　以上の大きな 2 つの流れの関係をまとめると，以下の表 1 のようになる。

表 1　受身文の分類と意味・構造的特徴

	(1)	(2)	(3)
影響性	無影響	受影（被影響）	
受身文の主語	非情（無生）	有情（有生）	
動作主の表示	ニヨッテ	ニ受身	
迷惑性	まとも（中立）		はた迷惑
能動文の有無	直接		間接

　志波（2005）では，受身文そのものの表す意味と機能の違いは，主語が有情者であるか非情物であるかという構造的な違いにかなり連動していると考え，有情主語受身と非情主語受身の違いを最も本質的な，大きな対立と見なした。そして，直接受身か間接受身かの対立は，有情主語受身の下位分類としてあるべきものだとした。以下でも，基本的にこの分類の観点に立って議論していく。

1.2　有情主語受身と非情主語受身

　このように受身文を分類することで，歴史的な変遷に矛盾することなく，歴史的流れの中の一断片としての現代日本語共時態の体系を捉えることができると考える。近世以前の日本語の受身文の中心的なタイプは有情主語受身であり，非情主語受身は近代以降に欧文翻訳の影響で定着したと考えられるからである（金水 1991，川村 2012）。また，有情主語受身と非情主語受身の本質的意味・機能の違いから，ジャンルによる使い分けもこの対立を基本としていると考えられる。

　志波（2015）では，主語が有情者か否かに加えて行為者が[2]有情者であるか否かという観点を取り入れ，受身文を大きく 4 つに大分類した。そして，有情主語有情行為者の受身文については，直接受身か間接受身かをより精密化した鈴木（1972）の分類をもとに 4 つの中分類を立てた。さらに，これまで詳細な記述や分類が検討されてこなかった非情主語有情行為者の受身文について，その構造的な違いにより，4 つの中分類を立てた（図 1 参照）。

　それぞれの中分類には頭に AA のような略号[3]を付けている。AA は有情主語有情行為者の略，AI は有情主語非情行為者の略，II は非情主語非情行為者の略としてつけている。また，非情主語で有情行為者の場合は，有情行為者が同一節内に現れることがまれであるため，これを非情主語一項受身と呼び，下位タイプの頭には I のみを付けている。

　非情主語有情行為者の受身文については，「誰がやったかではなく何が起こったかに着目して述べる」という非情主語受身の最も中心的な機能を果たす事態実現型を立て，これに対しテンス・アスペクト的特徴も含めてややパターン化していると思われるタイプを存在型（結果状態のアスペクト），習慣的社会活動型（反復アスペクト），超時的事態型（超時テンス）として取り出した。

2　行為者とは，Foley & Van Valin（1984）によるマクロロールとしての Actor の訳語として使っている。Agent（動作主）というのが典型的には意志を持って働きかける人間の主体であるのに対し，Actor（行為者）は原因としての非情物も含め，これらの上位概念としての意味役割である。対応する能動文の主語に立つ非情物は，行為者と見なしている。

3　A は Animate，I は Inanimate の頭文字を取ったものである。よって，有情主語有情行為者は AA となる。

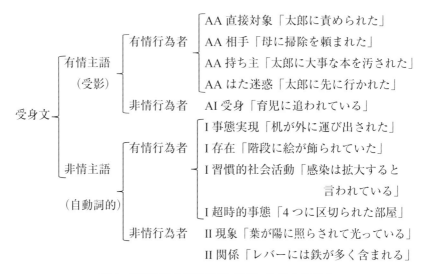

図1　受身構文の分類（志波 2005, 2015 を改変）[4]

　これらの事態実現型，存在型，習慣的社会活動型，超時的事態型は，アスペクト的特徴と連動して動作主の背景化の度合いが異なっている。すなわち，事態実現型は事態の実現局面を捉えることから，不定ではあるがその事態を引き起こした何らかの個別の動作主が含意される。これに対し，結果状態の局面を捉える存在型では動作主の含意はより希薄になる。習慣的社会活動型では，動作主は個別の人ではなく，不特定一般の人々になる。さらに，超時的事態型では時間を超えた事物の性質を捉えるため，ほとんど動作主を想定できないと言える。

　以上のように，有情主語の受身の下位分類は，どのような事態参与者（直接対象，相手，持ち主，第三者）が主語に立つかによって分けられ，非情主語の受身はどのように動作主を背景化するか，その動作主の背景化の度合いによって分類された。このように有情主語と非情主語の受身がそれぞれ異な

4　志波（2015）では，これらの分類の下位にさらに動詞の結合価の違いにより，60 以上の細かいサブタイプを立てている。その上で，それらのサブタイプが，小説の会話文，小説の地の文，新聞の報道文，論説文といった 4 つのジャンルにおいて，どのように表れるか，その分布を示した。

る観点から分類されるのは，両者の中心的かつ本質的な意味と機能が異なるからである。

　有情主語の受身は，主語に立つ有情者に視点を置き，その有情者の側から，「私は人に〜された」ということを述べることで「影響を受ける」という意味を表している。この受影の意味は，典型的には，主語に立つ人とそれに対峙する「相手」としての動作主の 2 者間の関係[5]の上に成り立つもので，《人 vs. 人》の対立関係において主語者が他者から影響を被るというものである。

　これに対し，非情主語の受身は，事態参与者の誰にも視点を寄せずに，中立的に「（誰かによって）事態（変化）が実現した」ということを述べる文として機能している。この事態の実現とは，自然発生的自動詞が表す「動作主の介在なしに変化が実現する」という捉え方が，動作主の存在を必須とする事態（動作主必須動詞）にまで拡張したもので，事態を引き起こした動作主を背景化して，あたかも自動詞のように，変化の実現を前景化して述べる文である。このように非情主語受身は，「事態の実現」，それも典型的には「変化の実現」を表している[6]。

1.3　ラレル構文の歴史

　歴史的に，日本語の -rar(e)- （以下ラレと表記）という接辞は，「暮れる，荒れる，呆れる」のような，自然発生的な（無意志的）自動詞の語形変化の

5　有情主語の受身の典型が「2 者間の関係」を表すという発想は，村上（1986, 1997）から着想を得た。

6　田中（2019）では，益岡（2000）や川村（2012）を批判し，すべての受身文が「変化」を表す文であるとして統一的に説明しようとする。その川村（2012）は，受身文は「被影響（本研究の受影に相当）」を表す文であるとし，非情主語の重要な受身文タイプである状態型（後述）を受身文ではないとする。本章の立場から見れば，川村の議論は有情主語受身の特性のみを受身文と考える立場であり，田中の議論は非情主語受身の意味・機能を有情主語の受身にまで当てはめようとするものである。

　典型的には，両者はまったく異なる意味・機能を持つ文であるが，これらを統一的にまとめる受身の定義をあえて試みるなら，日本語の受身とは接辞 -(r)are- を持つ構文のうち，「動詞の表す行為が主語以外の有情者によって引き起こされる」という意味を表す文であると一応は言える。一方で，Haspelmath（2003）で「可能受身（potential-passive）」と呼ばれる「この布はよく切れる」「この魚は生で食べられる」等の，可能解釈を持ついわゆる中間構文（middle construction）もこの定義に当てはまることになる。

類推（再分析）から文法的接辞として取り出されたとする説（釘貫 1991）が最も有力である（川村 2012）。しかし，文法的接辞として取り出されたときに，ラレ構文は単に中立的視点で対象の変化を語る構文としてではなく，話し手が有情者に視点を寄せて「自分に対して事態が自然発生した（変化が実現した）」と述べる構文として確立したのだと考えられる。古代語のラレの中心的な構文である自発，不可能，受身の構文とは次のようなものである。

(4)　「【ひどく真っ赤な薄様の手紙を真っ赤な唐撫子に結びつけたのを】取り入れたるこそ，書きつらむほどの暑さ，心ざしのほど浅からずおしはかられて，かつ使ひつるだにあかずおぼゆる扇もうち置かれぬれ」(枕草子)（受け取ったのは，その人がこれを書いていた間の暑さや，こちらへの好意の深さが，並々でないようにおしはかられて，氷を持つ一方で使っていてさえ物足りなく感じられる扇も，思わずそばに置いてしまうのだ。）

(5)　「使はるる人も，【中略】恋しからむことの堪へがたく湯水飲まれず，…」(竹取物語)（恋しく思うようなことが耐え難く，湯水も飲むことができずに，…）

(6)　み幣取り三輪の祝が斎ふ杉原 薪伐りほとほとしくに手斧取らえぬ (万葉集 1403 番)（幣を手に取り三輪の神職が大事にしている杉原。薪採りはすんでのことで手斧を取られるところであった）

　上のように，例えば「扇が置かれる」という事態は，「扇が（誰かによって）置かれる」という中立的な視点での受身の意味ではなく，「扇が自然と置かれてしまう」という自発の構文として，「湯水が飲まれず」も「（誰かによって）湯水が飲まれない」という意味ではなく，「（悲しくて）湯水が飲まれない」という不可能の構文として中心的に用いられたのだと考えられる。そして，受身でも，「手斧，取られてしまう」は，やはり有情者に視点があり，「自分が手斧を取られる」という有情主語の受身として，発達していったのだと考えられる。

　古代語の非情主語受身はその類型がかなり限られていたことが知られるが（川村 2012, 岡部 2018），これは非情主語受身の領域，つまり［非情物 - ガ V ラレル］という構造に，上のように自発・可能を中心的に発達させてきたか

らだと考えられる（志波 2018, 2020）[7]。そして，受身の構文としては有情主語
受身が中心的に用いられていた。その後，近世には，事態に関わるあらゆる
参与者を主語に立てる間接受身を発達させた（堀口 1990，山口 2018）。

　しかし，近世には自発構文はラレル構文の中で用法が縮小し，可能では
新たに -e- という接辞が取り出され，五段動詞においてラレル構文と可能動
詞（「読める，書ける」等）が競合する関係にあった（青木 2018）。そこへ近
代に入り，欧文直訳の影響で非情主語受身が急速に定着し，ラレル構文は受
身専用の構文に移行しつつあるのだと考えられる（志波 2018, 2020）。この
ように，非情主語の受身は，日本語の長い歴史の中では新しい表現ではある
が，現在では完全に定着し，様々なあり方で動作主を背景化する構文を発達
させている。

　本稿では，以下，先の分類に基づいて，それぞれの受身構文タイプの特徴
と相互関係を概観する。主に志波（2015）の議論に沿って紹介するが，問題
点等について指摘し，修正の議論を加えながら述べていく。

2.　有情主語受身構文

　有情主語の受身は，まず行為者が有情者か非情物かによって有情主語有情
行為者と有情主語非情行為者の受身に大きく分類される。さらに有情主語有
情行為者の受身は，鈴木（1972）の分類に従って，直接対象の受身，相手の
受身，持ち主の受身，はた迷惑（第三者）の受身と分類される。志波（2015）
では，これらの中分類のさらに下位に細かいサブタイプを立てた。以下，特
に有情主語有情行為者（AA 受身構文）の特徴を簡単に考察していく。

7　ラレ構文は，有情者に視点を寄せて述べる文として確立したため，「手紙が読まる（読ま
れる）」という非情物主格の文は，「誰かによって手紙が読まれる」という非情主語受身の
意味にはならずに，「（漢字が多いので自然とゴワゴワした声で）手紙が読まれる」（自発），
もしくは「（あの人のことが恋しすぎて）手紙が読まれない」（不可能）のような構文として
中心的に発達した。このように，ラレ構文は西欧諸言語が非情物主語受身を発達させた領
域に，自発・可能構文を確立したため，近世以前の非情物主語受身は，その使用も類型も
限られていた（志波 2018, 2020）。

2.1　有情主語受身構文の中心的タイプ

　有情主語有情行為者受身（AA 受身）の中心的なタイプは，「人 vs. 人」の関係の上に成立する態度的な影響を表すものである。有情主語受身は，話し言葉のテキストで最も多用されるタイプであるが，この中で特に割合が高いのが感情評価的な態度を表す構文である。感情評価的な態度を表す動詞とは，「愛される，嫌われる，尊敬される」のような心理的関わり，「可愛がられる，いじめられる，笑われる」のような感情評価を伴った態度的動作，「叱られる，褒められる」のような言語活動で感情評価を表す動詞である[8]。次に多いのが「言われる」に代表される言語活動のタイプ[9]（AA 相手の受身の下位タイプ）であるが，言語活動であっても，「可愛いって言われた」のように引用節に感情評価を含むことも少なくない。また，無変化動詞である「たたかれる，ぶたれる，段られる，抱きしめられる」のような接触動詞の使用も多い。こうした接触動詞の受身は，感情評価的な態度を表現する手段としての動作である場合が多いと考えられる。

　　（7）　口答えすると，一方的に段られました。

　　（8）　母親に抱きしめられると，安心感がこみあげてきた。

　これらの受身構文は，動詞の意味的なタイプは異なっていても，いずれも人間の感情評価的態度に関わる点で共通する。

　感情評価的態度のほか，「〜するよう言われる」や「《動作》を頼まれる」のような相手への要求的態度を表すものも少なくない[10]。こうした態度の動

8　志波（2015）では，小説の会話文テキストから抽出した受身文 1382 例を，60 以上の細かいサブタイプに分け，割合を出した。この結果，これら 3 つの感情評価的態度を含むタイプは，全体の 19.0%（263 例）を占め，最も多いタイプとなっている（志波 2015: 365）。次ぐ，言語活動動詞によるタイプは 11.5%（159 例）である。なお，全体を 60 以上のサブタイプに分けているため，4% 以上の数値であれば，頻度の目立つタイプであると言える。

　志波（2015）では，小説の会話文のほかに，小説の地の文，新聞の報道文，論説文というテキストジャンルにおける受身文タイプの割合を出している。

9　なお，言語活動動詞は，等しく相手の受身になるわけではなく，「話す，しゃべる，述べる，語る」など，有情主語の受身構文をほとんど構成しない動詞もある。

10　要求的態度は，小説の会話文テキスト 1382 例の中で 4.3%（60 例）だが，「〜するように言われる」という言語活動動詞による受身も含めれば，その割合は 5% を超えると考えられる。

詞は，人と人の関係において真に人の人格的側面（意志や感情）に働きかけ
る動詞だと考えられ，有情主語受身文の中心的タイプを構成し，特徴づけて
いると言える。

2.2　有情主語受身構文の周辺的タイプ

　有情主語有情行為者受身（AA受身）の下位タイプに，「運ばれる，入れら
れる，送られる，乗せられる」などの位置変化動詞で構成されるタイプがあ
る。これらの動詞は，もともとは非情物に対する働きかけを表す動詞であ
る。先に有情主語の受身は，「私（に近い人）が人に〜される」という述べ方
で受影の意味を表すとした。この受影の意味は，特に主語が個別特定の人物
（典型的には話し手）で動作主も個別の相手という，二者間の「関係」の上
に働きかけがあるときに最も現れやすくなると考えられる。一方，非情物に
も共通に用いられるこの位置変化動詞による受身は，有情者が主語ではある
が，人の意志や感情といった人格的側面ではなく，より物理的な側面に働き
かけられることを表す。このためか，位置変化動詞による有情主語受身は，
「けが人は救急車で病院に運ばれた」のように，動作主が不特定で背景化さ
れていることが少なくない。そして，ここでは「二者間の関係」よりも，
「主語＝対象の変化」が表現されていると考えられる。その意味では，位置
変化動詞による有情主語受身は，有情主語受身の中で周辺的タイプであり，
非情主語一項受身により近いものと考えられる。

2.3　有情主語受身の特徴的なタイプ

　数が突出して多いというわけではないが[11]，有情主語受身の中で特徴的な
タイプがある。その1つは，一般によく知られる「はた迷惑の受身」であ
り，これは有情主語受身が中心的に使われる話し言葉のテキストに特徴的に
用いられる。有情主語の受身は，「〜ても困る，〜たら大変だ／かなわない，
〜のが怖い／嫌だ」のような外部構造で用いられることが多いのだが，はた
迷惑タイプは特にこのパターンで顕著に用いられる。これは，本来その事態

11　小説の会話文テキスト1382例の中で74例（5.4％）であり，それなりに多いタイプで
はある。

に関わらない第三者である主語が影響を受けてその結果として「困る，怖い」のような感情を抱く，その因果関係を明確にするためだと考えられる。つまり，通常の他動詞文であれば，動作主の働きかけが原因となり，その結果として対象の変化が生じるという因果連鎖（Croft 1991）の意味構造が明確であるが，本来当該事態に直接関わらない第三者と当該事態との因果関係を明確にするためにも，こうした外部構造が必要になるのだと考えられる。

　なお，一般に受身文は無意志動詞からは構成されないが，(9)「癲癇を起こす」のような無意志動詞の例もある。

　　　(9)　「外国で暮らしてて，亭主に癲癇を<u>起こされる</u>と，こっちはたまらないよ。…」　　　　　　　　　　　　　　　　　（宮本輝『ドナウの旅人』）

　はた迷惑の受身と関連する動詞として「やられる」という受身動詞があるが，この「やられる」も話し言葉に特有で，有情主語受身の特徴的な動詞と言える。「やられる」という動詞は様々な具体的動作の代わりに用いられており，はた迷惑の受身とも連続している。

2.4　有情主語非情行為者受身の特徴（AI 受身）

　有情主語で行為者が非情物である受身の代表的なタイプは，益岡（2000）で機縁受動文と呼ばれた，有情者の心理・生理的状態を表す受身構文である。これを AI 状態型と呼んでいる。

　　　(10)　ぼくは太田夫人がどれほどの必要に<u>迫られて</u>その質問をしたのか，はなはだあいまいな気がしたので，はぐらかしてしまった。

　　　　　　　　　　　　　　　　　　　　　　　　　　　（開高 健『裸の王様』）

　　　(11)　おまえ，いつまで死んだ恋人に<u>縛られてん</u>だ？[12]

　　　(12)　今日も育児に<u>追われて</u>，仕事が進まなかった。

　このタイプは対応する能動文が成立しないものが多いため，受身文とは認められないとする議論もある。しかし，「彼の言葉に魅了される／惹かれる／気圧される」[13]のように，対立する能動文（他動詞）があるものとないもの

12　この例は一見，有情行為者であるように見えるが，これは「恋人の存在」のような意味であり，非情行為者相当として分類した。

13　「魅了する」は「彼の言葉が私を魅了した」という能動文が成立する。一方，「惹く」

の間に，受身文としての意味的な差は認めがたい。一方で，この種の受身に現れるニ格名詞は，「育児に悩む」のような自動詞構文のニ格名詞と同種のもので，このニ格名詞は動作主ではなく原因を表している。そして，原因であると同時に，「彼に惹かれている」などでは，心理感情が向かう対象の側面も持っているだろう（奥田 1962）。よって，この AI 状態型は「二者間の関係」を描く AA 受身よりも，より自動詞（「惚れる，呆れる，疲れる」等）に近いことは間違いない。

3.　非情主語受身構文

　次に，本節では非情主語受身の特徴について検討する。非情主語受身はまず行為者の有情非情の別によって大きく，非情一項受身と非情非情受身の 2 つに分けられるのだった。以下では，これらの特徴や下位タイプについて検討していく。

3.1　非情主語一項受身構文の分類

　これまで，日本語の非情主語受身についての分類や記述はほとんどなされてこなかった。志波（2015）では非情一項受身の下位に事態実現型，存在型（状態型），習慣的社会活動型，超時的事態型という 4 つの中分類を立てた。

　(13) a.　先週，大学のホールで講演会が開かれた。《事態実現》

　　　 b.　研究室の壁にはたくさんの写真が貼られていた。《存在》

　　　 c.　感染は今後も拡大していくと見られている。

　　　　　　　　　　　　　　　　　　　　　　　　《習慣的社会活動》

　　　 d.　煮込み用に作られた鍋，細分化された情報，洗練された人

　　　　　　　　　　　　　　　　　　　　　　　　　《超時的事態》

　そもそも，この記述の方法論自体が確立されたものではないため，分類の態度に揺れがあり，いくつかの問題を孕んでいる。以下，それぞれの中分類を概観した上で，分類の問題点を指摘していく。

という動詞は存在するが，「気を惹く，興味を惹く，目を惹く」などで用いられ，「人を惹く」という能動文は成立しない。さらに「気圧される」には「気圧す」という他動詞が存在しない。

a） 事態実現型

　事態実現型とは，「何が起こったか」という対象の変化の局面を捉えて述べる受身構文で，典型的に個別具体的なテンス・アスペクトで述べられる。この中にさらに変化型，無変化型，認識型，態度型という4つのサブタイプを立てたが，これらのサブタイプのうち，事態実現型として最も中心的なタイプは，変化動詞によって構成される変化型である。変化型には「破られる，折り畳まれる」などの状態変化動詞のほか，「運び出される，移される」などの位置変化動詞，「建てられる，形成される」などの生産動詞，「行われる，開かれる」などの催行動詞などのタイプが含まれる。これらの動詞は動作プロセスではなく対象の変化（や出現）が実現する局面を捉えて述べる事態実現型と意味的に親和性があり，事態実現型の中心的な動詞タイプとなっていると考えられる。

　これに対し，「叩かれる，押される」などの接触動詞で構成される無変化型は，すべてのジャンルを通して非常に頻度が低い[14]。有情主語受身でこの接触動詞による受身タイプが多く見られたのとは対照的である。また，「考えられる」などの認識動詞や「愛される，大事にされる」などの態度動詞で構成される認識型と態度型も，個別具体的な，一回的な出来事として述べられることは非常に少なく，事態実現型において周辺的である。

b） 存在型

　2つ目の存在型には主に2つの下位タイプがある。1つは，「N-ニ N-ガ V-ラレテイル」という構造形式で，結果状態のアスペクトで述べられる存在様態受身である。

　　（14）　枕元を見ると，小さな盆の上に，薬と体温計がおかれている。

　　　　　　　　　　　　　　　　　　　　　　　　（渡辺淳一『愛のごとく』）

　存在様態受身には，上のような具体物の存在を述べるタイプのほかに，抽象的存在を述べるタイプもあり，バリエーションも豊富である。これらは行為を実行した動作主を想定しにくく，能動文で述べることができないものが

14　小説の会話文，小説の地の文，新聞の報道文，論説文という4つのジャンルにおける調査において，いずれも0〜0.3％という低い割合であった。

多い。

(15)　個人の意見に重点が置かれている。

(16)　墓の内部には多くの謎が隠されていた。

(17)　しかしこうした多様な役割の中に，ソーシャルワークの原則に基
　　　　づく専門的援助が貫かれていなければならない。

（中谷陽明『老いと社会』）

　もう 1 つは，「N-ニ N-ガ 見ラレル」という構造形式を持つ，存在確認と
呼ぶタイプである。

(18)　「開発のための課題」が採択されたことなど，国連改革に進展が
　　　　見られた一年となった。　　　　　　　　　　　　　（外交青書）

(19)　…人間関係における身分に絶対的価値を見る傾向は，わたしたち
　　　　日本人に多く見られる特性のようだ。

（近藤 裕『「運命の人」に出会う 25 のレッスン』）

　「見られる」による存在型は主語が抽象名詞であることが多く，アスペクト
的には結果状態とは言いにくい。しかし，これらは存在文の構造を持ち，主
語に立つ非情物の存在を表すという共通点で 1 つのタイプとしてまとめた。

　存在様態受身のタイプは，変化局面のあとの結果状態の局面を捉えるもの
で，すでに動作主の存在がかなり背景化されていると言える。未だ個別の動
作主の存在は含意されるものの，「盆の上に体温計が置かれた」のように事
態実現の局面を捉える文よりも，動作主の存在が薄いと言えるだろう。

　一方，「見られる」タイプは，可能の意味とも曖昧である。これを受身と
解釈するなら，動作主は不特定一般の人であり，中立的な視点で反復のアス
ペクトで述べられていると見ることができる。一方，可能と解釈するなら，
動作主の中に話し手も含まれ，動作主の視点で「見ることができる」という
可能の意味を述べることになる。

c)　習慣的社会活動型

　習慣的社会活動型とは，ある社会的範囲における不特定多数の人の反復
的・習慣的な（特に認識の）行為を述べるもので，(21)(22)のような文は主
語のない受身構文であると考えられる。こうした受身構文は，受身述語に対

応する主語がないという意味で，ある種の非人称受身であると言える。

 （20） 今後，コロナ株は変異し，感染が拡大すると<u>考えられている</u>。

 （21） 高脂血症患者では血管にコレステロールが沈着して動脈硬化が進
    むと<u>される</u>。   （河北新報社『河北新報』）

 （22） この花は昔から人々に<u>愛されている</u>花だ。

 ここで重要な点は，非情主語受身に分類した上のような習慣的社会活動型
は，心理動詞で構成されることが多いということである。「思われる，言われ
る，愛される」のような思考，言語活動，感情評価を表す広義の心理動詞
は，特に対象＝主語が非情物である場合は，個別具体的な，一回的な出来事
として述べられることがほとんどない（「この絵は田中さんによって贋作だ
と思われた｜等）。そもそも他動詞の心理動詞自体が，時間的に長期間つづ
くような心理活動を表しており，個別一回的な，アクチュアルな事態として
述べにくいためであると考えられる。つまり，心理動詞による受身は，不特
定多数の動作主の非アクチュアルな事態として述べられるのが普通であると
言える。

 なお，後に 4.1 でも議論するが，（22）のような受身は益岡（1982）で属性
叙述受動文と呼ばれた受身文に相当し，非情物主語でありながら，動作主が
ニ格で表示できる，特殊な受身文として知られる。

d) 超時的事態型

 超時的事態型とは，先行する変化がほとんど意識されず，よって当該事態
を引き起こした動作主がほぼ想定されず，時間を超えた物の性質として述べ
るタイプである。「洗練された（インテリア），恵まれた（環境）」など，一回
的な事態としては述べることができず，形容詞的になっている動詞もある
（西欧諸語では，受身の意味を持つ過去分詞と形容詞は連続的である）。

 （23） その町の道路は碁盤の目のように<u>区切られている</u>。

 （24） 美しく<u>手入れされた</u>花壇で，色彩鮮やかに咲き乱れる花々。

               （新堂冬樹『溝鼠』）

 （25） 煮込み用に作られた鍋，加工された食品，開かれた社会，細分化
    された情報，抽象化された概念，舗装された道，隠された生活，

　　　工夫された実験，数量化された得点，汚染された空気，etc.

　超時的事態は，形容詞的に連体修飾で用いられるものが典型であり，文末で用いられると，「性質（工藤 1995 の単なる状態）」を表すアスペクトとなり，結果状態と連続的になる。このタイプは，例えば，「開かれた社会」などは人為的な行為の含意はなく，「オープンな社会」とほぼ同義である。

3.2　非情主語受身構文の分類（タイプの取り出し）の問題点

　本節では以上述べた非情主語一項受身の分類の問題点について検討する。本章は現代日本語の受身文を記述する方法として，動詞の結合価をもとに，受身文の細かいサブタイプを取り出し，特徴を観察した。それにより，中心的なタイプと周辺的なタイプを説明し，他のタイプとの相互関係を考察することで，日本語の受身文を体系的かつ網羅的に記述することを試みたものである。この受身文のタイプをどこまで，どのように取り出すのか，という問題は，タイプを立てるにあたり，常に付きまとった問題であった。

　本章は，受身構文には能動構文にはない，特別な意味・機能があると考えており，単に能動文を転換することで同一事態を動作主以外の人やモノに焦点を当てて述べる，ということ以上の意味があると考えている。例えば，

　　　（26）　昨日，首相官邸で閣僚会議が開かれた。

のような非情一項受身は，報道文テキストでの冒頭で多用され，もはや他動詞にラレルを付与して受身文を作っているというよりも，［時間 場所デ 行事名詞ガ 催行動詞ラレル］という構文がパターンとして存在していると考える方が自然であると思われた。

　一方で，どこまで受身構文としてパターン化しているのか，これを見極めることは非常に難しい問題である。他動詞構文のタイプであるならば，認められる構文タイプを全て記述する，ということがある程度の説得力を持つと予想されるが，受身文は他動詞に文法的な接辞を付与して作られるものであると考えるのが一般的な見方である。そのため，どこまでを受身構文のタイプと見なすかは大変難しい問題であった。

　そこで，志波（2015）では，受身文として使用が目立つものを受身構文のタイプとして立てる，という方針を取って記述を進めた。その結果として，

60 以上もの細かいサブタイプが取り出された。

　このようにして取り出されたサブタイプを，共通の特徴によってまとめ上げたのが，先に図 1 で示した分類なのである。よって，特に非情一項受身の分類は，当初からアスペクト的特徴によって分類する，という観点では分類されていないのである。このため，この分類はアスペクト的特徴と完全に連動しているわけではない。

　例えば，存在型としたタイプには，「ロープがちぎられている」のような存在文の型を持たない結果状態の受身は含まれていない。この種の受身は特に目立つタイプではないとして，状態変化動詞の事態実現型が単に結果状態のアスペクトとして述べられたものに過ぎないとし，受身構文タイプとしては立てていない。また，反復相で述べられていても，習慣的社会活動型とはしていない受身文もある。習慣的社会活動型としたものは，主に認識動詞や評価的態度動詞といった心理動詞で構成される受身構文タイプである。よって，催行動詞による「毎年神社で祭りが行われている」のような反復相の受身は，事態実現型のアスペクト的ヴァリアントとして位置付け，受身のタイプとしては立てていない。

　受身文として使用の目立つもの，また特徴的なものだけをタイプとして立てるという態度は，ある意味一貫性がある。実際，心理動詞による受身は，個別の動作主の一回的なアクチュアルな事態としてよりも，不特定一般の動作主の反復習慣的な事態であることがほとんどである。このため，心理動詞の受身はアスペクト的特徴を構文の要素に含んだものとして立てる必要があった。

　一方で，志波（2015）でも述べたように，非情主語受身の事態実現型は，それ以外の 3 つの中分類（存在，習慣的社会活動，超時的事態）とはレベルの異なるものとして位置付けられている。事態実現型は，動詞の結合価による情報のみを含むレベルであり，それ以外の 3 つはアスペクトや主題といったレベルの特徴までを要素として含むタイプなのである。そうであるならば，いったんはすべての動詞タイプの受身を事態実現型として立てるべきであるが，「この絵は太郎によって愛された」のような感情評価の心理動詞などは，事態実現型には立てられていない。

　さらに，日本語の受身の歴史的な発達の経緯に鑑みるならば，非情主語の
受身はすべてアスペクト的特徴によって分類すべきではないか，という疑問
も湧いてくる。歴史的に，近世以前の日本語の中心的な受身は有情主語受身
であったが，非情主語の受身もわずかながら存在した。しかし，その類型は
限られており，ほぼ結果状態アスペクトの受身構文に限られていた。

　このように，非情主語一項受身は，真にアスペクト的特徴によって分類す
べきか，受身文として頻度の目立つタイプのみを立てるべきかという問いの
中で分類が揺れており，改善の余地が残されている。分類をより単純化する
には，アスペクト的に変化の局面（実現局面）を捉えているのではない次の
ような受身を，それぞれ存在型の上位としての状態型と，習慣的社会活動型
に分類する方が分かりやすいだろう。

　　(27)　窓ガラスが粉々に割られていた。《状態型》

　　(28)　この村では毎年秋まつりが行われている。《習慣的社会活動型》

3.3　非情主語一項受身構文の周辺

　本章は，受身構文が持つ本質的意味・機能の違いから，受身文を大きく有
情主語と非情主語で分けている。しかし，これらは同じ受身構文であるの
で，あるところでは意味・機能的に近づき，連続的になる。先に 2.2 で，有
情主語受身の周辺として，位置変化動詞のときに，「対象の変化」を表す非
情主語受身の意味に近づくことを述べたが，これ以外にも次のような場合が
ある。それは，主語に立つ非情物の所有者ないし関係者としての有情者の存
在が含意される場合である。

　　(29)　私の大事な絵が子供に汚されてしまった。

　こうした受身は，通常の話し言葉であれば，「大事な絵を」のように持ち
主の受身で述べるのが自然なことが多いが，まったく不自然な受身文では
ない。これは益岡（1991）で「潜在的受影者のいる受身」と呼ばれた受身文
で，非情物が主語に立ちながら動作主をニ格で表示できる特殊な受身であ
る [15] が，志波（2015）の分類では構文タイプとしては立てられていない。志

15　つまり，非情主語でありながら有情行為者をニ格表示できる受身は，この潜在的受影
者のいる受身と，先に述べた属性叙述受動文の二種類があるということになる。

波（2015）は，特に事態実現型では，動詞の結合価の違いによって下位タイプを立てており，潜在的受影者のいる受身は，こうしたそれぞれのタイプにおいて，主語が有情者の所有物や関与物である場合の特殊な受身文である。しかしながら，有情主語と非情主語という分類を受身の最も本質的対立と捉える本章の立場からは，両受身構文をつなぐ潜在的受影者のいる受身文の存在は，重要な事実として認識しておく必要がある。

3.4　非情主語非情行為者受身構文

　本節では主語も行為者も非情物である受身構文にどのようなタイプがあるかを概観する。非情非情受身構文には，大きく 2 つの下位タイプがある。それぞれ，II 現象受身型と II 関係型と呼んでいる。

　（30）　炎が風にあおられて燃え広がった。《II 現象受身》

　（31）　赤ワインにはポリフェノールが含まれる。《II 関係型》

　このうち，II 現象受身型については，次の 4 節で取り上げることにして，ここでは II 関係型について概観する。

　II 関係型は，典型的には超時のテンス・アスペクトで述べられる。ここには，次の 3 つのサブタイプがある。

　（32）　日本は海に囲まれた島国だ。《II 位置関係》

　（33）　委員会は 5 人の役員で構成される。《II 論理的関係》

　（34）　人の性格は環境に左右される。《II 影響関係》

以上の受身文は，いずれもニ格ないしデ格／カラ格で明示された非情行為者を主語にした能動文で述べることが可能である点で共通している。

　II 位置関係型は，「囲まれる，挟まれる，包まれる，覆われる，しきられる」のような，主に包囲を表すような動詞で構成される。このタイプには，上のような地形や建造物等の位置関係を表すもののほか，小説の地の文に特徴的に使われる，次のような受身文が含まれる。

　（35）　白粉気のない薄桃色の顔はうぶ毛で覆われているようにみえた。

　　　　　　　　　　　　　　　　　　　　（吉行淳之介『砂の上の植物群』）

　（36）　しかし老婆のふくよかな皺に囲まれた目は，何の感興もあらわさ
　　　　　ずに，私を経て隣の顔へ移っていった。　（三島由紀夫『金閣寺』）

　II 関係型の 2 つ目のタイプである論理的関係を表すタイプには，内在的関係，構成関係，象徴的関係，継承関係というさらに 4 つの下位タイプがある。

　　（37）　レバーには鉄分が多く含まれる。《内在的関係》

　　（38）　バイオリンは 3 つのクォークから構成される。《構成関係》

　　（39）　西欧先進国はイギリスに象徴される。《象徴的関係》

　　（40）　昔ながらの飛騨の風景が白川郷に受け継がれている。《継承関係》

　ここでは，内在的関係について少し詳しく見てみる。II 内在的関係型はニ格名詞を主語にした能動文で述べることができる点で，ニ格は行為者的でもあるのだが，通常の受身文と異なり，ニ格名詞句が主語に前置するのが無標の語順である。この点で，「N ニ N ガ 含まれる」という構造は存在文の構造に通じている。よって，次のように抽象名詞が主語に立つ II 内在的関係型は，先に 3.1 の b で見た存在型と，表す意味はかなり連続的である。

　　（41）　神殿の彫刻には秘められた意味がある。《II 内在的関係型》

　　（42）　神殿の彫刻に隠された意味を研究する。《I 存在型》

　こうした受身文は体系上隣接しており，意味的にかなり近い関係にあるが，「秘められている」は未だニ格名詞句を主語にした能動文で述べることができるのに対し，「隠されている」はそうした対応関係がないことから，分類上はこれらを別のタイプと見なしておく。

　II 関係型の最後のタイプである II 影響関係型は，「支えられる，支配される，影響される，左右される」などの影響を表す動詞で構成される。

　　（43）　小国の繁栄はこうした海外貿易に支えられている。

　　（44）　社会のあり方が，西欧的価値観に支配されている。

　この「支える」という動詞は，もともとは「柱を支える」のような物理的動作動詞であったものが，「私は多くの人に支えられてここまで来ました」のように，有情者の心理に働きかける態度的意味を獲得し，それがさらに抽象化したものではないかと考えられる。

　最後に，その他の表現として「（彼の生涯は）謎に包まれている」という受身文があるが，これは，「（彼の生涯は）謎だ」という名詞述語文相当の意味を表しており，慣用的で固定的な表現として II 論理的関係の周辺に位置付けておく。

4. 受身構文のパラディグマティックな体系 (ネットワーク)

　受身構文のタイプの 1 つ 1 つは，バラバラに孤立して存在するわけではな
く，前節でも述べたように，構造を構成する要素が典型ではなくなると別の
構文タイプに意味的に近くなり，やがては移行する，というダイナミックな
横の関係を持っている。これをパラディグマティックな体系 (ネットワーク)
と呼んでいる。どんな分類にも典型 (中心) と周辺があり，周辺は他のタイ
プとの中間的な例になるわけだが，重要なのはどのような構造的な条件の下
で中間的になるのか，言い換えればどのような条件の下で構文が移行し合う
のかを説明することである。志波 (2015) で受身文の細かいサブタイプを取
り出したのは，この相互関係を明らかにすることが 1 つの目的であった。

　本節では，有情主語と非情主語の受身が，どのような条件下で相互に近づ
くのかを概観し，受身構文の横の体系＝パラディグマティックな体系の一部
を検討する。

4.1　有情主語と非情主語で意味の変わらない受身構文

　受身構文を構成する要素の特性 (有情者か否か，個別か一般か，動詞のタ
イプ等) は，受身構文が表す意味を支えている。この中でも，特に主語の有
情性は，受身構文の意味を左右する重要な構造的特徴である。非情主語受身
と最も明確に意味の対立が出るのは，次のような場合である。

　　(45)　昨日 (私は) バイト先の先輩に叱られた。

　　(46)　先日，両国の首脳会議が開かれ，条約が調印された。

　(45) は二者間の関係において主語が他者から影響を受けることを表す有
情主語受身であり，(46) は他動詞の動作主を背景化し，変化の実現を述べ
る非情主語受身である。

　一方で，主語が個別の有情者であっても，非情物主語の受身と表す意味や
機能がほとんど変わらないと思われる受身構文がある。それは，「呼ばれる」
に代表される呼称を表すタイプである。この呼称タイプは，動作主が特定の
個人である場合は非常に少なく，多くが不特定多数の人で，「～と呼ばれて
いる」のような反復相の習慣的アスペクトで用いられる。このとき，非情主
語の受身との意味的な差はほとんどなくなると言っていい。

　　（47）a.　　彼は子供の頃から生き字引と呼ばれている。

　　　　　b.　　この橋は縁結びの橋と呼ばれている。

　上の 2 つの文には，先の例（1）と（2）や（45）と（46）に見られるような，明確な意味・機能の差は認めにくい。これは，上の（47）a が「二者間の関係」を述べる文ではないことに起因すると考えられる。動作主が不特定多数の人として背景化され，事態が反復の非アクチュアルなアスペクトになると，ある出来事により「影響を受ける」という明確な受影の意味が読み取りにくくなる[16]。

　こうした例を見ていると，「影響を受ける」という受影の意味は，主語の有情性のほかにも，文の様々な要素の有機的な関係性（構造）によって統合的にもたらされる意味であることが分かる。有情主語の受影の意味が最も明確に表れるのは，主語も行為者も特定の有情者である個別具体的な出来事を語る場合，特に感情評価的な態度があらわされる場合である。よって，不特定動作主の非アクチュアルな行為を語る場合，有情主語受身と非情主語受身の意味の差がほとんど感じられなくなる。この種の受身構文は，益岡（1982）で「属性叙述受動文」と呼ばれた受身構文タイプと重なる。属性叙述受動文は，非情物が主語に立っても行為者がニ格で表示され得る特殊な受身として着目されたが，属性叙述受動文の非アクチュアルなタイプ[17]は，有情者が主語でも非情物が主語でも意味に差が出にくいものであると考えられる。こうした属性叙述の受身構文を，主語が有情者であることにより，有情主語受身と見なすのか，主語が有情者でも非情物でも意味・機能の変わらないタイプとするのかは今後も検討の余地がある[18]。

　このほか，例えば，次のような受身構文の主語は，人かモノかと言えば人であると言える。しかし，ここでの人というのは，意志や感情を持った人格

16　さらに，動詞に感情評価的な意味がなく，中立的な呼称を表すのみであることも，受影の意味が読み取りにくいことに関係しているだろう。

17　属性叙述受動文には，「この論文はチョムスキーに 3 回引用された」のような，アクチュアルなタイプもある。

18　益岡（1982）が属性叙述受動文と呼んだ「この本は 10 代の若者に読まれている」のような受身文を受影の意味があると見なすか否かには多くの論争がある（天野 2001，田中 2019 等）。

者としての「私」や特定の人と比べて，「有情者」らしさがほぼないと言える。逆に言えば，(48) a のような受身構文タイプには，私や特定の有情者が主語に立つことはない。このような場合の主語名詞は，非情物と同等であると考えられる。

(48) a.　その国境を越えられるのは，白人に限られていた。[19]

　　　 b.　持ち込めるのは，えんぴつと消しゴムに限られていた。

4.2　有情主語受身と非情主語受身の相互移行関係

　主語も行為者も非情物である非情主語非情行為者の受身の代表的なタイプに，行為者が自然現象である現象受身型というタイプがある。

(49)　昔通りの小舎だ。わずかな砂洲の端に建てられたそれは，床几が一つ置いてあるきりで，雨に叩かれて木目が出ていた。

（水上 勉『越前竹人形』）[20]

(50)　椿の花がみぞれに打たれながら咲いていた。

(51)　森は濃い霧に覆われていた。

　この現象受身型は，自然現象のみが行為者に立つような動詞で構成されることは少なく，多くが，「打たれる，なぶられる，洗われる，あぶられる，さらされる」のような接触の行為を表す動詞，もしくは「覆われる，包まれる，囲まれる」のような包囲を表す動詞で構成される。一方で，「小石は，波に洗われて丸くなっていた」のように，能動文では述べにくい受身文も多い。このことは，現象受身型が，「人が人に打たれる」という有情主語受身の構造が物理的動作のイメージを使って比ゆ的に，形象的に用いられることで定着した受身構文であることを示唆する。実際，次の例ではまだ動作動詞の形象的イメージが残っているだろう[21]。

(52)　昼になっても雨風は弱まる気配はなかった。二階の下位個室の窓

19　この種の受身は，I 超時型の下位タイプで I 限定型と名付けた（志波 2015）。

20　なお，現象受身型はこのように文末終止の位置には現れにくく，付帯状況節で現れることが非常に多いのも特徴である。本書前田論文の議論も参照のこと。

21　実際，古代語の現象受身の多くは，自分の境遇を重ね合わせて詠む歌の中で多く用いられている。

からみると畑もが移動もすべてが白い雨にぬりつぶされている。

（渡辺淳一『花埋み』，志波 2015: 337）

II 現象受身型の主語に立つのはほとんどが非情物であるが，まれに次のように特定の有情者が主語に立つことがある。このときもやはり，非情主語の場合と意味の差はあまり認められないだろう[22]。

(53) a.　私は，みぞれに打たれながら一晩中歩き続けた。

　　　b.　良子は，人波に押されて門の外へ出てきた。

この種の受身構文は，行為者が有情者である次のような接触動詞の受身構文と移行関係にある。

(54) a.　私は，先輩にぶたれて悔しかった。

　　　b.　太郎は，田中に押されて前へ出た。

このように，有情主語有情行為者の接触動詞による構文と非情主語非情行為者の現象受身型は相互に移行し合う関係にあると考えられる。また，現象受身型は現象名詞がニ格に立って原因を表す，次のような自動詞構文とも体系上隣接しているだろう。

(55) a.　彼女のコートと長い髪が風になびいていた。

　　　b.　椿の花が雨に濡れてひっそりと咲いていた。

　　　c.　霧に {煙る／むせぶ／かすむ} 森　　　　　（志波 2015: 335）

さらに II 現象受身は，自然勢力が行為者に立ち，通常の物理的動作動詞で構成される受身構文とも連続的である。

(56)　台風で屋根が {痛めつけられた／破壊された}。

こうした受身は自然現象というよりも，有情行為者に準ずる自然勢力としての行為者であり，有情行為者の受身に準ずるものとして位置付けておきたい。

以上，構文同士の相互移行関係を概観した。本章は様々な受身文を，構造的なタイプとして，パターンとして実在する「構文」であると考えている。このように考えることの最大のメリットは，最終的な意味が構文とそれを構成する要素との相互影響によってもたらされると考えられること，そして，ここで見た構文同士のパラディグマティックな関係を見ることで，全体の体

22　このことは，この種の受身が古代日本語から存在し，有情主語受身と非情主語受身をつなぐものとして存在したことと関係があるのかもしれない（志波 2018）。

系が捉えられることであると考えている。

5.　おわりに

　本章では志波（2015）の受身構文タイプと構文相互のパラディグマティックな体系について簡単に紹介し，また，分類の問題点にも触れた。こうした研究手法は，動詞の語彙的な意味に着目しながら文法を記述するもので，いわば語彙・構文論的な[23]方法論であり，未だ確立したものとは言えない。理論的に多くの問題を孕んでいるが，言語の記述の方法として，記述が進む中で修正されていくべきものと考えている。

出典資料

1）『CD-ROM 版新潮文庫の 100 冊』より（著者生年順）
　　井上 靖（1907 生）『あすなろ物語』（1953）／水上勉（1919）『越前竹人形・雁の寺』（「越前竹人形」「雁の寺」所収）（1961）／吉行淳之介（1924 生）『砂の上の植物群』／開高 健（1930 生）『パニック・裸の王様』
2）国立国語研究所『現代日本語書き言葉均衡コーパス（BCCWJ）2021.03』（中納言 2.6.0）
3）国立国語研究所『日本語歴史コーパス（CHJ）2022.03』（中納言 2.6.1）

参照文献

青木博史（2018）「可能表現における助動詞「る」と可能動詞の競合について」岡崎他（編）197–214.
天野みどり（2001）「無生物主語のニ受身構文──意味的関係の想定が必要な文」『国語学』52-2: 1–15.
岡崎友子・衣畑智秀・藤本真理子・森 勇太（編）（2018）『バリエーションの中の日本語史』東京：くろしお出版.
岡部嘉幸（2018）「「非情の受身」のバリエーション──近代以前の和文資料における──」岡崎他（編）159–173.
奥田靖雄（1962）「に格の名詞と動詞のくみあわせ」言語学研究会にて報告（言語学研究会（編）（1983）『日本語文法・連語論（資料編）』281–323. 東京：むぎ書房に所収）

23　仁田義雄氏が「語彙論的統語論」という理論を提唱しているが（仁田 1980, 2017），仁田氏も筆者と同様に，奥田靖雄氏の影響を受けている。だし，仁田氏の議論には，奥田構文理論のかなめとも考えられる「構造的なタイプ」という考え方，そして，その「パラディグマティックな体系（構造的タイプの相互移行関係）」という発想が見て取れない。

川村 大 (2012)『ラル形述語文の研究』東京：くろしお出版.

金水 敏 (1991)「受動文の歴史についての一考察」『国語学』164: 1–14.

釘貫 亨 (1991)「助動詞「る・らる」「す・さす」成立の歴史的条件について」『国語学』164: 15–28.

工藤真由美 (1995)『アスペクト・テンス体系とテクスト―現代日本語の時間の表現―』東京：ひつじ書房.

志波彩子 (2005)「2 つの受身―被動者主役化と脱他動化―」『日本語文法』5-2: 196–212.

志波彩子 (2015)『現代日本語の受身構文タイプとテキストジャンル』大阪：和泉書院.

志波彩子 (2018)「ラル構文によるヴォイス体系―非情の受身の類型が限られていた理由をめぐって」岡崎他 (編) 175–195.

志波彩子 (2020)「受身・可能とその周辺構文によるヴォイス体系の対照言語学的考察―古代日本語とスペイン語―」『言語研究』158: 91–116.

柴谷方良 (1978)『日本語の分析』東京：大修館書店.

鈴木重幸 (1972)『日本語文法・形態論』東京：むぎ書房.

田中太一 (2019)「日本語受身文を捉えなおす」森雄一・西村義樹・長谷川明香 (編)『認知言語学を紡ぐ』pp. 343–365. 東京：くろしお出版.

寺村秀夫 (1982)『日本語のシンタクスと意味 I』東京：くろしお出版.

堀口和吉 (1990)「競合の受身」『山辺道：国文学研究誌』34: 31–40.

仁田義雄 (1980)『語彙論的統論論』東京：明治書院.

仁田義雄 (2017)「包括的・明示的な文法記述を求めて―私の見果てぬ夢―」森山卓郎・三宅知宏 (編)『語彙論的統語論の新展開』13–19. 東京：くろしお出版.

益岡隆志 (1982)「日本語受動文の意味分析」『言語研究』82: 48–64.

益岡隆志 (1987)『命題の文法―日本語文法序説―』東京：くろしお出版.

益岡隆志 (1991)「受動表現と主観性」仁田義雄編『日本語のヴォイスと他動性』105–121. 東京：くろしお出版.

益岡隆志 (2000)『日本語文法の諸相』，東京：くろしお出版.

松下大三郎 (1930)『標準日本口語法』中文館書店 (復刻：白帝社 1961, 増補校訂版：徳田政信編『増補校訂標準日本口語法』勉誠社 1977, 同修訂版 1989).

三上 章 (1953)『現代語法序説』東京：刀江書院 (復刻：くろしお出版 1972).

三矢重松 (1908)『高等日本文法』東京：明治書院.

村上三寿 (1986)「うけみ構造の文」言語学研究会 (編)『ことばの科学 1』7–87. 東京：むぎ書房.

村上三寿 (1997)「うけみ構造の文の意味的なタイプ」『ことばの科学 8』103–149. 東京：むぎ書房.

山田孝雄 (1908)『日本文法論』東京：寶文館.

山口響史 (2018)「近世を中心とした受身文の歴史―非当事者の受身の発達とその位置づけ―」『日本語文法』18-2: 93–109.

Croft, William（1991）*Syntactic Categories and Grammatical Relations: The Cognitive Organization of Information.* Chicago: University of Chicago Press.

Foley, William A. & Robert D. Van Valin（1984）*Functional Syntax and Universal Grammar.* Cambridge: Cambridge University Press.

Haspelmath, Martin（2003）The geometry of grammatical meaning: Semantic maps and cross-linguistic comparison. In: Michael Tomasello（ed.）*The New Psychology of Language: Cognitive and Functional Approaches to Language Structure vol.2,* 211–242. Mahwah, New Jersey & London: Lawrence Erlbaum Associates.

Kuroda Shige-Yuki（1979）On Japanese Passives. In: G. Bedell, E. Kobayashi and M. Muraki（eds.）*Explorations in Linguistics: Papers in Honor of Kazuko Inoue,* 305–347. Tokyo: Kenkyusha.

第 2 章

初級の日本語の教科書の受身の取り扱い
―被害性のない受身文の産出のルールの必要性―

村上佳恵

1.　はじめに

　筆者は，以前『みんなの日本語』を使用して受身の授業をした後に，（1）について，「この文は，嫌だったときに言うのか」と質問を受けたことがある。また，学習者が（2）のような文を産出することがある[1]。

　（1）　（私は）先生に仕事を頼まれました。

　（2）　（私は）友達に鎌倉に連れて行かれた。

　（1）については，「嫌だったときにも言うし，嫌ではないときにも使う。」というのが日本語学の定説からの回答である。（1）は，直接受身で文型としては中立とされているためで，『みんなの日本語』の文法解説書の説明にも沿う。しかし，（2）は，直接受身であるのに，能動文にはない被害性を持っている。さらに，（2）を授受表現にした「連れて行ってもらった」は適切であるが，（1）の「頼んでもらった」は不自然である。（1）（2）は，受身の扱い方に改善の余地があることを示しているのではないだろうか。

　本稿では，まず，受身の教授法に関する先行研究を人が主語である有情の受身を中心に概観する。次に，1990 年代以降に刊行された日本語の教科書の受身の扱い方を分析し，（1）（2）の文が産出されるのは，直接受身がいつ

1　出典のない例文は作例である。

被害性のない文になり得るかが示されていないためであることを指摘する。最後に，発話意図に基づいて有情の受身文を産出するルールを提案する。

2. 有情の受身の教授法の先行研究

　日本語教育における受身の研究は，第二言語習得，対照言語学，学習者の国で刊行された教材の分析等，様々な分野・観点から行われているが，ここでは，受身の教授法，特に有情の受身に絞り先行研究を概観する。

　富田 (1993a) は，日本語教師向けの教え方の書籍で，有情の受身は「その人が他から被害や迷惑を受けて『困った』『嫌だ』と感じたとき，自分のその気持ちを伝えるため」に使われるとし，被害性のない「ほめる」「助ける」等は「限られた動詞」であり例外として扱うとしている。富田 (1993b) では，直接受身は「利害・得失」を表す表現であるが，そう教えると「よかった」「うれしかった」と表現する意図で「わたしは田中先生に日本語を教えられました。」といった文が産出されるため，被害の意味に限定するのが良いとしている。川口他 (1991)，山下 (1997) も，有情の受身を被害性のある文型として扱うとしている。このように，被害性のないの例文の存在を認めつつ，有情の受身を被害受身として扱う流れがあったことがわかる。

　一方，迫田・西村 (1991) は，被害性のない例文を扱う必要性を説いている。教科書と，目標言語調査として新聞およびテレビ番組の受身文を「言語形式」「言語内容」「言語機能」の三点から調査し，その結果を生かした実践報告を行っている。その中で，教科書では被害性を持つ受身文を多く扱っているが，目標言語調査では被害性のある受身文は少ない（新聞の「天声人語」では 20.8%，テレビ番組の「徹子の部屋」では 37.0%）ことから，被害性を持たない受身文を多く導入する必要性があるとしている。

　菊地 (2007)，菊地・増田 (2009) は，受身を「語のレベル」で捉える必要があるとしている。菊地 (2007) は，日本語の受身は「ふられた」のように一語で情報を伝えられる，つまり，語レベルで捉えることができ，そうすると，直接受身，間接受身といった分類が不要になるとしている。指導に際しては，「〈他者の行為が，（受身文の主語に）関わりを持って及んでくる〉」という受身の意味を伝え，「あとは，通常の文と同じように「名詞＋助詞」を

必要に応じて付加できることを確認するだけでよい」としている。具体的には，直接受身を「よばれました」のように語レベルで導入し，その後に「かばんをとられました」のような持ち主受身を導入するのが良いとしている。そして，直接受身の導入の際には，「呼ばれる」「言われる」のような被害性がない例文を十分に提示する必要があると述べている。

　増田（2014）は，受身文を語レベルで提示する際に，被害性の有無をどう提示するか論じている。「行為の『差し向け度』（＝当該行為において相手の存在が想定される度合）」が高い場合は受身文の被害性が低く，「差し向け度」が低い場合は受身文の被害性が高くなるというスケール上で受身文を導入するという方法を提示している。「直接受身相当」の「ほめられる」等，「持ち主の受身相当」の「（持ち物を）見られる」等，「間接受身相当」の「（他者に）寝られる」等の順に被害性が高くなるという。増田（2014）のスケールは，人が行為の受け手である他動詞の直接受身は被害性がないとする提示法である。

　庵（2018）は，能動文から受身文を作る「たすき掛け」をやめ，受身文を「『私』を主語とした自動詞相当の文」として扱うことを提唱している。影響の受け手が「私」であるときはタイプ 1 の受身文（直接受身）を使い，影響の受け手が「私」で，影響を受けたものが体の部分や持ち物であるときはタイプ 2 の受身文（持ち主の受身）を使うという。

　菊地（2007），増田（2014），庵（2018）は，自分が他者から行為または影響を受けたことを表すという受身の意味を示し，その中に，被害性のあるものとないものがあることを示していくという方針と理解できる。

　日本語教師向けの文法書である高嶋・関（2018）でも，受身を「何らかの動作やできごとがあり，その影響を受けた人・事物を主語にして述べる表現」としている。中西他（2021）では，四つの受身の使用場面が挙げられているが，一つめが「他の人が何かをすることで，自分や自分に近い人に影響が出たことを表すとき」である。2010 年代から，「影響」が受身を教える際のキーワードとなったことが見て取れる。

　以上，先行研究における有情の受身の教授法を見てきた。菊地（2007）の受身を語レベルで捉えるという点には賛同する。しかし，自分が他者から影

響を受けた場合は受身にするという説明は，強すぎるというのが本稿の主張である。この説明では，「友だちに鎌倉に連れて行かれた」という文が産出されるし，「先生に仕事を頼まれました」という文を聞き手が被害性有と解釈するかどうか学習者にはわからない可能性があるためである。この点については，次節で詳しく述べる。

3. 議論の前提

　4節の日本語の教科書の分析の前提として，日本語学と日本語の教科書の受身の分類を順に見ていき，以下で表1にまとめる。

3.1　日本語学と日本語の教科書の受身の分類の相違点

3.1.1　日本語学の受身の分類

　日本語学では受身を次の〈1〉から〈3〉の観点で分類することが多い[2]。以下では，3つの観点と本稿の考察の対象について述べる。

〈1〉非情の受身と有情の受身

　受身文のガ格名詞句が人間か物や出来事であるかにより，有情の受身と非情の受身に分類するものである。本稿では，有情の受身を分析対象とする。

〈2〉能動文との対応による分類

　受身文に対応する能動文の有無による分類である。対応する能動文がある直接受身と，対応する能動文がない間接受身の二つに分ける説と，その中間に位置する第三のクラスをたてる説がある[3]。本稿の分析では，第三のクラスとして鈴木 (1972) の「もちぬしの受身」を用いる[4]。鈴木 (1972) の「持ち主の受身」を一つの文型として扱う教科書が多く，分析に適しているためであ

2　このほかに，志波 (2015) のように，受身文を構文（意味を持った型）と捉え，構文毎に分析するという研究もある。

3　「受身文に対応する能動文があるか」は，「能動文と受身文の対応」の定義次第である。筆者は，対応を「能動文のガ格が受身文のニ格に，能動文のヲ格またはニ格またはカラ格が受身文のガ格になる」と定義すれば，第三のクラスは間接受身であると考えている。

4　鈴木 (1972) では，直接受身は「直接対象の受身」（例：さち子が次郎になぐられた）と「あい手の受身」（例：太郎がのら犬にかみつかれた）に分類されているが，この分類は本稿の日本語の教科書の分析に不可欠ではないため，直接受身として，まとめて扱う。

る。鈴木（1972）の「もちぬしの受身」とは「もとになる動きの対象のもちぬしを主語としてあらわす」受身文である。

〈3〉文型の意味（文型として被害性をもつか否か）

　受身文が文型として被害性を持つか否かという意味による分類である。日本語学では，直接受身は中立受身と呼ばれ，文型として中立であるとされている。間接受身は被害受身と呼ばれ，文型として被害性を持つとされている。直接受身の動詞の意味による被害性は，文型が持つ被害性とは区別する説が主流である（三上 1953）。例えば，「父にたたかれた」に何らかの被害性があったとしても，それは語彙の意味によるものと考えるのである。これは，次の(3)(4)が共に適格であることからも支持され，直接受身は中立受身，間接受身は被害受身という点は，定説であると言ってよい。

　　(3)　　父にたたかれた。嫌だった。

　　(4)　　父にたたかれた。嬉しかった。

　それに対し，第三のクラスの受身が中立受身か被害受身かは，第三のクラスの定義とそこに含まれる例文の範囲が異なるため，諸説ある。ここでは，鈴木（1972）に従い，もちぬしの受身を中立受身とする[5]。

　ただし，能動文との対応による分類と意味の分類で整合性があるのは仁田（1992）の「持ち主の受身」で，5節ではこの分類も用いる。「持ち主の受身」は，持ち主と所有・所属物とが「分離不可能」な所有関係であり，もちぬしの受身より範囲が狭い。仁田（1992）では，次の表1の⑦は「持ち主の受身」で中立受身だが，⑧は「第三者の受身」，つまり間接受身で被害受身となる。⑨のような例について，仁田（1992）は，間接受身だが語用論的に「私がほめられた」という解釈を持ち，持ち主の受身に近いとしている。

3.1.2　日本語の教科書の受身の分類

　教科書により，受身の扱い方は異なるのであるが，ここでは最も多く用いられている取り扱い方で代表させる（詳細は4節で述べる）。日本語の教科

5　鈴木（1972）および鈴木（1980）では，「第三者の受身」は「めいわく」の意味を持つとしているが，もちぬしの受身にはそのような記述はない。よって，表1ではもちぬしの受身を中立とした。

書でも非情の受身と有情の受身を分け，有情の受身では直接受身が中立受身，間接受身が迷惑受身であるのは同じだが，もちぬしの受身の扱いが異なる。教科書では，もちぬしの受身を被害受身として扱う場合がほとんどである。そのため，表1の網掛けの⑨のようなもちぬしの受身で被害性のない例文を挙げる教科書は非常に少ない。

表1　日本語学と日本語の教科書の受身の分類

	例文	非情／有情	能動文との対応	文型の意味		学習者の理解
				日本語学	教科書	
1	①オリンピックが開催された。	非情				被害性無
2	②私は先生にほめられた。 ③私は上司に仕事を頼まれた。 ④私は母に起こされた。 ⑤私は母にしかられた。 ⑥私は誰かに押された。	有情	直接	中立	中立	不明
3	⑦私は誰かに背中を押された。 ⑧私はすりに財布を盗られた。 ⑨私は先生に作文をほめられた。		もちぬし		被害	被害性有 無
4	⑩私は雨に降られた。 ⑪私は隣の人にたばこを吸われた。		間接	被害	被害	被害性有

3.1.3　日本語学習者から見た教科書の受身文

　次に，教科書の分類を学習者の視点で見てみよう。表1の内容から受身文を適切に産出するには，ある受身文が直接受身かもちぬしの受身かの区別が必要である。しかし，これはいくつかの理由により容易なことではない。

　まず，直接受身かどうか，受身文の格パターンからは判断できないという点で悩ましい。(5a) は「頼む」という三項動詞からなる直接受身，(6a)(7) はもちぬしの受身であるが，全て「Y は X に N を V られる」という形である。日本語教師は，(7) は，もちぬしの受身だから「迷惑だ」という意味になると説明するだろうが，直接受身と格パターンは同じなのである。

　(5)　a.　私は，上司に仕事を頼まれた。(＝③)

　　　　b.　上司は，私に仕事を頼んだ。

（6）a.　私は，すりに財布を盗られた。（＝⑧）

　　　b.　すりは，私の財布を盗った。

（7）　私は，先生に宿題を直されました。

　一方で，（6a）（7）は，「財布」「宿題」が「私」の所有物であるという点で，直接受身とは区別できるという考えがある。これは「意味による分類」である。しかし，意味による分離もまた悩ましい。次の 2 例は，どちらも「押す」だが，（8a）はもちぬしの受身，（9a）は直接受身なのである。

（8）a.　私は，誰かに背中を押されました。（＝⑦）

　　　b.　誰かが，私の背中を押しました。

（9）a.　私は，誰かに押されました。（＝⑥）

　　　b.　誰かが，私を押しました。

　さらに，一部の三項動詞では，対応する能動文が一つとは限らない。（10a）の能動文を（10b）とすれば直接受身，（10c）とすればもちぬしの受身ということになる。

　　（10）a.　私は，すりに財布を盗られた。（＝⑧）

　　　　b.　すりは，私から財布を盗った。

　　　　c.　すりは，私の財布を盗った。

　このように，直接受身ともちぬしの受身の区別は，学習者にとっては自明のことではないのである。そして，仮に区別できたとしても，文型による被害性と語彙の意味による被害性を区別することも困難である。例えば，「父にたたかれた」は語彙の意味による被害，「母に日記を読まれた」は文型による被害だと言われてもよくわからないだろう。どちらも，一般的に出来事自体が好ましくないことであるという点で共通するためだ。

　そこで，仮に，語彙的意味による被害性と文型による被害性を同じものとし，各例文が学習者にどう解釈されるか推測してみよう。すると，先の表 1 の「学習者の理解」の欄の通り，「被害性有」と「被害性無」，そして「不明」の三つになるのである。まず，一般的に，②⑨「ほめられた」は良いことで被害性無，⑤「しかられた」，⑥⑦「押された」，⑧「盗られた」は好ましくないことで被害性有としよう。では，③「上司に仕事を頼まれた」，④「母に起こされた」はどうだろうか。ここがわかりにくいのである。このよ

うな過程で,「先生に仕事を頼まれた」は,「嫌だったときに言うのか」とい
う質問が出てくると考えられるのである。

　以上,学習者の視点から受身文を見てきたが,実は,直接受身の③④が
個々の発話において被害性を持つかどうかは,文脈や発話時の口調や表情に
もよるため,一概には言えない。「直接受身が文型として中立である」とは,
「発話者が迷惑だと言いたい場合は,直接受身を使わない」ということでは
ないからだ。そこで,本稿では,産出という観点から,どういう発話意図を
持っているときに受身を使うかを示すルールを提示する。以下では,産出の
ルールの提示の前に,1990 年代から 2020 年代かけて,「文型の網羅から使用
場面を限定した意味による分類へ」という教科書の変化があり,その中で被
害性のない受身文の範囲を示しているものも出てきていることを見ていく。

4.　日本語の教科書の分析

4.1　受身の取り扱いの三分類の概要

　以下では,初級の総合教科書 16 種の分析を行う。教科書を文型分類型,
分類しない型,意味分類型の三つに分類する。以下では,各型の一例を示
し,詳細は 4.3 で述べる。以下の表 2 から表 4 の「被害性」は,個々の例文
を何の文脈もなく解釈した場合の被害性で語彙の意味によるものも含む。

4.1.1　文型分類型

　文型分類型は,表 2 のように有情の受身を能動文との対応によって分類
し,その分類によって被害性の有無も決まるとする日本語学の受身の分類に
準拠したタイプである。

表 2　文型分類型

	被害性無	被害性有	直接受身
直接	私は先生にほめられた。 私は上司に仕事を頼まれた。	私は母にしかられた。 私は誰かに押された。	
もちぬし		私は誰かに背中を押された。 私はすりに財布を盗られた。	
間接		私は雨に降られた。 私は隣の人にたばこを吸われた。	

直接受身以外（間接受身／もちぬしの受身）

4.1.2　分類しない型

　分類しない型は，有情の受身文を分類せずに提示するタイプである。次の表 3 のように，受身を被害性のある文型として扱い（直接受身の被害性有の例と，もちぬしの受身と間接受身），被害性のない直接受身の例文を例外として扱うタイプである。

表 3　分類しない型

	被害性無	被害性有
直接	私は先生にほめられた。 私は上司に仕事を頼まれた。	私は母にしかられた。 私は誰かに押された。
もちぬし	例外	私は誰かに背中を押された。 私はすりに財布を盗られた。
間接		私は雨に降られた。 私は隣の人にたばこを吸われた。

受身

4.1.3　意味分類型

　意味分類型は，表 4 のように，有情の受身を被害性無の受身と，被害性有の受身の二つに分けて，動詞を限定して扱うタイプである。被害性無では直接受身の被害性無の例文を，被害性有では直接受身の被害性有ともちぬしの受身と間接受身を扱う。

表4　意味分類型

	被害性無	被害性有
直接	私は先生にほめられた。 私は上司に仕事を頼まれた。	私は母にしかられた。 私は誰かに押された。
もちぬし	被害性のない受身	私は誰かに背中を押された。 私はすりに財布を盗られた。
間接		私は雨に降られた。 私は隣の人にたばこを吸われた。

被害性のある受身

4.2　教科書の分類の全体像

　表5に教科書の分類の一覧を示す。調査対象16種のうち，文型分類型が11種，分類しない型が3種，意味分類型が2種で，日本語学の成果を生かした文型分類型が主流であることがわかる。また，表5の刊行年を見ると，文型分類が古くからあり，意味分類型が新しいタイプであると言える。

　有情の受身については，何課で取り扱っているか，いくつに分類しているか，「直接」「もちぬし」「間接」の欄には，各文型を中立受身として扱うか，被害受身として扱うかを示した。例えば，4の『みんなの日本語』では，有情の受身は37課で文型が二つ提示されていて，直接受身は中立受身（中），もちぬしの受身は被害受身（被）として扱われ，間接受身は，扱われていないことを示す[6]。

　非常の受身については，扱っている課を示した。

　表5を見てみると，文型分類型の11種全てで直接受身は中立受身として扱われている。間接受身を扱う教科書は，全て被害受身として扱っている。もちぬしの受身は，10種が被害受身として扱い，6の『学ぼう！日本語』だけが「私は先生に発音をほめられた」といった被害性のない例文を挙げ，中立受身として扱っている。分類しない型の教科書3種のうち2種が受身を被害性のある文型，1種が中立の文型として扱っている。意味分類型は，

6　3の『初級日本語下』と11の『大学の日本語初級ともだち2』では，直接受身が二つの文型として扱われている。これは，受身文のガ格名詞句が能動文のヲ格であるか，二格であるかによる分類である。

直接受身を二つに分ける点が新しいと言える。

表5　日本語の教科書の受身の取り扱い

	教科書名	刊行年（初版）	タイプ	有情の受身					非情の受身の課
				課	文型数	直接	もちぬし	間接	
1	JAPANESE FOR BUSY PEOPLE III〔改定第3版〕	2007 (1990)	文型分類型文型分類型	L.8	3	中	被	被	L.8
2	SITUATIONAL FUNCTIONAL JAPANESE 3 第2版	1994 (1992)		17課	2	中	被		17課
3	初級日本語下 新装改訂版	2010 (1994)		24課	4	中　中	被	被	24課
4	みんなの日本語初級II第2版	2013 (1998)		37課	2	中	被		37課
5	初級語学留学生のための日本語II	2002		34課	3	中	被	被	34課
6	学ぼう！日本語初級2　第3版	2013 (2005)		30課	3	中	中	被	31課
7	はじめよう日本語初級2改訂版	2013 (2006)		21課	3	中	被	被	21課
8	J.Bridge for Beginners 2	2008		8課	2	中	被		5課
9	日本語初級2 大地 メインテキスト	2009		36課	2	中	被		36課
10	できる日本語 初中級	2012		10課 Step1	2	中	被		10課 Step2
11	大学の日本語初級ともだち2	2017		L.22	4	中　中	被	被	L.22

	教科書名	刊行年（初版）	タイプ	有情の受身					非情の受身の課
				課	文型数	直接	もちぬし	間接	
12	初級日本語 げんきⅡ第3版	2020 (1999)	分類しない型	21課	1	被 ※例外有			
13	文化初級日本語 Ⅱ改訂版	2013 (2000)		31課	1	被 ※例外有			32課
14	まるごと 初級2A2	2014		18課	1	中			13課
15	NEJ2	2012	意味分類型	U.20 U.23	2	中 U.20 被 U.23	被 U.23		U.24
16	つなぐにほんご 初級2	2017		19-3 23-1	2	中 19-3 被 23-1	被 23-1	被 23-1	30-1

　以下では，三つのタイプの教科書が「学習者が受身文を産出するために必要な情報を提供しているか」という観点から見ていこう。

4.3　日本語の教科書の分析

4.3.1　文型分類型

　文型分類型の教科書の例として，『みんなの日本語』の37課の練習Aの有情の受身を表6に引用する。なお，以下の日本語の教科書からの引用は，ルビを全て省略する。

表6　『みんなの日本語初級Ⅱ　第2版　本冊』(2013) 第37課 p.98

練習A
2.　わたしは　部長に　[仕事を]　ほめられました。 / たのまれました。
3.　わたしは　[だれかに / はは]　[マンガの]　[じてんしゃ / ほん] を　[とられました / すてられました]

　『みんなの日本語』では，有情の受身は文型 2 の直接受身と文型 3 のもち
ぬしの受身の二つであり，間接受身は扱われていない。『みんなの日本語 初
級 Ⅱ 翻訳・文法解説』から，文型 2 と 3 の解説部分を表 7 に引用する。

表 7　『みんなの日本語初級 Ⅱ　第 2 版　翻訳・文法解説英語版』(2013) 第 37 課 pp.78-79

Ⅳ　Grammar Notes

2. N_1 (person$_1$) は N_2 (person$_2$) に passiveV

This sentence pattern expresses an action performed by person$_2$ in relation to person$_1$ from the standpoint of the person at whom the action is directed (i.e. person$_1$).

Person$_1$ is taken as the topic, and the person taking the action (person$_2$) is indicated by attaching the particle に：

　　　　　先生が わたしを 褒めました。　　　　My teacher praised me.
　①　わたしは 先生に 褒められました。　　　I was praised by my teacher.
　　　　　母が わたしに 買い物を 頼みました。　My mother asked me to go shopping.
　②　わたしは 母に 買い物を 頼まれました。
　　　　　I was asked to go shopping by my mother.

The agent may also be something that moves other than a person (e.g.an animal or vehicle)：

　③　わたしは 犬に かまれました。　　　　I was bitten by a dog.

3. N_1 (person$_1$) は N_2 (person$_2$) に N_3 を passiveV

This express person$_2$ performing an action on a possession of, or other things associated with, person$_1$ (this thing being N_3), where, in most case, person$_1$ regards that action as an inconvenience or annoyance：

　　　　　弟が わたしの パソコンを 壊しました。
　　　　　My younger brother broke my PC.
　④　わたしは 弟に パソコンを 壊されました。
　　　　　I had my PC broken by my younger brother.

The agent may also be something that moves other than a person (e.g. an animal or vehicle)：

　⑤　わたしは 犬に 手を かまれました。
　　　　　I had my hand bitten by a dog.

［Note1］It is not the possession that is introduced as the topic but the person who regards the action as an inconvenience or annoyance (the owner). Example ④, for instance, is not framed as わたしの パソコンは おとうとに こわされました．

［Note2］Since in most cases this sentence pattern indicates that the person subject to the action regards it as an inconvenience or annoyance, care must be taken when using it. When talking about something someone has done for you and for which you feel grateful, you should use 〜て もらいます：

　　　　　×わたしは 友達に 自転車を 修理されました。
　⑥　わたしは 友達に 自転車を 修理して もらいました。
　　　　　My friend repaired my bicycle for me.

表8 『みんなの日本語初級Ⅱ 第2版 本冊』(2013) 第37課 pp. 99, 101

練習B, C

練習B
1. 例 → わたしは 先生に 褒められました。

先生　　兄　　課長　　イーさん　　木村さん

2. 例 女の人が わたしに 道を 聞きました
　　→ わたしは 女の人に 道を 聞かれました。
　1) 妹が わたしに 友達を 紹介しました →
　2) 母が わたしに 買い物を 頼みました →
　3) クララさんが わたしに 歌舞伎に ついて 質問しました →
　4) 警官が わたしに ここに 車を 止めるなと 言いました →
3. 例 弟が わたしの パソコンを 壊しました
　　→ わたしは 弟に パソコンを 壊されました。
　1) 泥棒が わたしの カメラを とりました →
　2) 子どもが わたしの 服を 汚しました →
　3) 電車で 隣の人が わたしの 足を 踏みました →
　4) だれかが わたしの かばんを 持って 行きました →
4. 例 → どう したんですか。(母)
　　　……母に 雑誌を 捨てられたんです。
　1)(課長) → 2)(彼女) → 3)(だれか) → 4)(犬) →

練習C
1. A：何か いい ことが あったんですか。
　B：ええ。鈴木さんに 誕生日の パーティーに 招待されたんです。
　A：よかったですね。
　　1) デートに 誘います
　　2) 結婚を 申し込みます
2. A：旅行は どうでしたか。
　B：楽しかったけど、大変でした。
　A：何か あったんですか。
　B：ええ。①空港で ②荷物を まちがえられたんです。
　A：それは 大変でしたね。
　　1) ①レストラン
　　　②服を 汚します
　　2) ①電車の 中
　　　②財布を とります

　文法解説では，直接受身は行為の受け手の視点で描く文であるとされ，被害性については言及がないが，「ほめられる」と「犬に嚙まれる」を提示していることから，中立受身として扱っていると言える。もちぬしの受身は，多くの場合，行為の受け手がその行為を迷惑だとみなしていると解説されている。つまり，文型２は中立受身，文型３は被害受身ということである。

　次に，練習Ｂの１〜４とＣの１.と２.を表８に引用する。この練習で学習者が受身を産出できるようになるか考えてみよう。練習 B-1 と B-2 は，直接受身文を作る練習である。「ほめる」と「しかる」があり，「文型２（直接受身）は中立受身である」ことを示している。B-3 は，もちぬしの受身文を作る練習であるが，全て好ましくない出来事で，「文型３（もちぬしの受身）は迷惑だと言いたいときに使う」ことを示している。練習 B-4 は，イラストを見て「受身文＋んです」を作る練習で，直接受身ともちぬしの受身を扱う。ここで，文型２と文型３が混ざる。その後に練習Ｃをすると，受身文は良いことを言うとき（C-1）と嫌なことを言うとき（C-2）に使う，という理解になる。つまり，能動文との対応によって文型２と文型３があるのだが，二つを混ぜて練習し，良いことを言う練習と悪いことを言う練習をするという過程を経て，受身は良いことを述べるときと，悪いことを述べるときに使うという意味による分類に収斂していくのである。

　産出という観点から言えば，文型３のもちぬしの受身は，「他者が自分の身体または所有物に何かをして迷惑だと言いたい場合は受身にする」というルールは明快である。一方，文型２の直接受身は「他者が自分に対して何らかの行為を行った場合は受身にする。良いことにも，悪いことにも使う」ということになる。つまり，文型分類型の教科書では，直接受身文がどのような場合に被害性のない文になるかが示されていない。これでは，「先生に仕事を頼まれた」と言ってよいか迷うだろう。学習者は，「先生に仕事を頼まれた」と言うと迷惑だと言いたいと解釈されるのではないかという疑問を持つ可能性があるのである。

4.3.2　分類しない型

　分類しない型の教科書には，『初級日本語げんき』『文化初級日本語』『ま

るごと』がある。前二者は，受身を被害を表す文型として扱い，被害性のないものを例外として掲載している。『まるごと』では，「ほめられた」「しかられた」「0点のテストを友だちに見られた」といった例文を一緒に扱っていることから，文型としては中立という扱いであると判断される。以下では，『初級日本語げんき』を詳しく見ていく。

表9 『初級日本語 げんき 第3版』(2020) 第21課 p. 217

練習
①どろぼうにかばんをとられました
B. Takashi has been having a tough life. Describe what happened to him using passive forms. 　Example たけしさんは どろぼうに かばんをとられました。 　（引用者注：以下，イラストと動詞を見て以下の文を作る練習） (1) たけしさんは メアリーさんに 笑われました。 (2) たけしさんは 友だちに 足を踏まれました。 (3) たけしさんは どろぼうに 財布を盗まれました。 (4) たけしさんは 友だちに なぐられました。 (5) たけしさんは 赤ちゃんに 泣かれました。 (6) たけしさんは 雨に 降られました。 (7) たけしさんは 蚊に 刺されました。 (8) たけしさんは あやかさんに ふられました。 (9) たけしさんは ちかんに さわられました。 (10) たけしさんは 子供の時 友だちに いじめられました。 (11) たけしさんは 子供の時 おじさんに 怒られました。

　練習ⅠのBを見ると，もちぬしの受身 (2)，直接受身 (4)，間接受身 (5)，これらを全て一緒に扱っている。この後の練習も，全て好ましくない出来事を話す練習になっている。もちろん，『初級日本語げんき教師用指導書』第21課の「文法上の留意点」に「3.受け身には被害と中立の受け身があるが，練習では被害の意味の受け身だけに限定する」と述べているように，被害の受身のみを扱うのは，編集方針である。

　続いて『初級日本語げんき』の「文法」の部分の後半を引用する（脚注は省略する）。ここでは，受身文の多くが被害受身であることを述べ，「～ても

らう」と対比し，その後に例外として被害性のない受身文についての記載がある。そして，「誘う」「紹介する」「呼ぶ」「尊敬する」の四つの例を挙げ，受身になったときに被害性を持たない動詞は比較的に少ないと述べている。

表10　『初級日本語 げんき 第3版』(2020) 第21課 pp. 211–212

1　Passive Sentences

Let us now turn to the ways in which these forms are used in sentences. In most passive sentences, the "victim" has been unfavorably affected by the "villain's" act. They may be unfavorably affected in various ways, such as being angry, embarrassed, sad, and hurt.

私は となりの人に たばこを吸われました。
I was annoyed with the parson sitting next to me for smoking.
たけしさんは メアリーさんに よく笑われます。
Takeshi is often laughed at by Meary.
山下先生は だれかに パスワードを盗まれたそうです。
I hear that Professor Yamashita had his password stolen by someone.

Compare the inadvertent/unfavorable focus of a passive sentence with the intented/favorable focus of a てもらう sentence (see Lesson16).

子供の時 姉に 日記を 読まれました。
I was annoyed with my big sister for reading my diary when I was a kid.
子供の時 寝る前に 父に 本を 読んでもらいました。
I had my dad read a book for me before I went to sleep when I was a kid.

Finally, we note that some passive sentences are not perceptibly unfavorable.

私は その人に デートに誘われました。
I was asked out by that person for a date.
私は 兄に 友だちに紹介されました。
I was introduced by my big brother to a friend of his.
その人は みんなに 尊敬されています。
That person is looked up to by most everyone.

When someone says these, they probably do not mean that they were inconvenienced by how things have turned out. There are relatively few verbs that come out neutral in their meaning when they are turned into the passive form.

　『初級日本語げんき』のように能動文との対応による分類は行わず，受身を被害性を持つ文型として扱うとどのようなことが起こるだろうか。まず，菊地（2007）で述べられているように，受身を語レベルで捉えれば，能動文との対応による分類をせずとも，問題なく受身文は産出できる。しかし，当然であるが被害受身のみを扱えば「受身＝被害」という結びつきは強くなるであろう。さらに，『初級日本語げんき』では，非情の受身を文型としては扱わず文法解説の脚注で解説をするのみであるため，「受身＝被害」という結びつきはさらに強くなると予想される。そして，例外的に被害性のない受身があることに言及しているが，どのような場合であるかは説明されていない。分類しない型にも，直接受身がいつ被害性のない受身文になるのかが示されていないという文型分類型と同じ問題が存在するのである。

4.3.3　意味分類型

　意味分類型の教科書は，近年刊行された『NEJ』（2012）と『つなぐにほんご』（2017）で，これまでの教科書とは異なる扱いがされている。

　はじめに，『つなぐにほんご』を見ていくが，紙幅の都合上，引用はしない。まず，L.19-3 で，受身を被害性のない文型として扱う。面接でどんな質問をされたか話すという場面で，動詞を「聞く」「誘う」「呼ぶ」等，10 語に限定し扱っている。最後に，イラストを見て，会話のテストでどんな質問をされたか，専門学校の面接でどんな質問をされたか等を話す活動を行う。

　次に，L.23-1 で，受身を被害性を表す文型として扱う。かばんを盗られて交番に行くという場面で，直接受身（注意される），もちぬしの受身（かばんをとられる），間接受身（なかれる）を扱う。最後に，かばんを盗られたおばあさんをつれて交番に行き状況を説明する，足が腫れた原因を話す等の活動がある。トピックシラバスの教科書は，Can-do を達成すれば，さらに場面を変えて活動をするということは想定されていないので，L.19 で被害性のない受身，L.23 では被害性のある受身があるということは理解でき，混乱もないと思われる。しかし，『つなぐにほんご』の取り扱いにも，一つ，疑問が湧いてくる。L.19 で扱った 10 語の動詞に共通する特徴があるのだろうか。その点に，さらに踏み込んでいるのが，『NEJ』である。

　『NEJ』は，トピックシラバスの教科書で，有情の受身を大きく A と B の 2 種，細かくは A1 と A2，および B の 3 種に分けている。Unit20 で受身 A として被害性ないの受身，Unit23 で受身 B として被害性のある受身を扱っている。以下，Unit20，Unit23，指導参考書の受身の解説部分を引用する。

表 11　『NEJ: A New Approach to Elementary Japanese <vol.2>』(2012) Unit 20 p. 70

ほめられたこと・しかられたこと
Section2　Summary of the Main Grammar Points
（1）Passive Expression　A ①〈Receiving another person's psychological actions〉 　　　　　　　　　　　　　　（ほめる⇒ほめられる） 　1.　学校の成績もよかったです。それで，父によく**ほめられました**。 　2.　弟や妹の世話をよくしました。それで，母によく**ほめられました**。 　　　　　　　　　　　　　　（しかる⇒しかられる） 　3.　うちでゲームばかりしているので，弟はよく母に**しかられました**。 　4.　時々夜遅くうちに帰ってきたので，姉は父に**しかられました**。
（2）Passive Expression　A ②〈Receiving another person's verbal action〉 　　　　　　　　　　　　　　（頼む⇒頼まれる） 　1.　大学院生のときは，よく先生から仕事を**頼まれました**。 　2.　論文のコピーをよく**頼まれました**。 　3.　わたしはわりと英語がよくできたので，英語のチェックもよく**頼まれました**。 　4.　外国人のお客さんが来たときは，通訳を**頼まれました**。 　　　　（誘う⇒誘われる） 　5.　お酒にもよく**誘われました**。
（3）〜ように言われました。〈be told to 〜〉 　　　　　　　　　　　　　　（言う⇒言われる） 　1.　自分の部屋は自分でそうじをするように**言われました**。 　2.　姉は，もっと早くうちに帰ってくるように**言われました**。 　3.　自分の部屋は自分でかたづけるように**言われました**。 　4.　外からうちに帰ってきたら，手を洗うように**言われました**。 　5.　夜は早く寝るように**言われました**。 　6.　（先生から）後輩の世話をするように**言われました**。

表12 『NEJ: A New Approach to Elementary Japanese <vol.2>』(2012) Unit 23 p. 96

ひどい経験

Section2　Summary of the Main Grammar Points.

（1）Passive Expression B

（ほえる⇒ほえられる）

1.　道を歩いていると，急に犬に**ほえられました**。

（あてる⇒あてられる）

2.　授業では，先生に**あてられました**。

（さす⇒さされる）

3.　わたしも，友だちも，カに**さされました**。

（追いかける⇒追いかけられる）

4.　学校から（うちに）帰るときは，ハチに**追いかけられました**。

（踏む⇒踏まれる）

5.　わたしは，飛行機の中で，女の人に足を**踏まれました**。

（盗む⇒盗まれる）

6.　妹は，ナイトマーケットで，サイフを**盗まれました**。

（待たす→待たされる）　　（乗せる⇒乗せられる）

7.　わたしたちは，道の真ん中で2時間**待たされました**。そして，別のバスに**乗せられました**。

（こわす⇒こわされる）

8.　セキュリティーの人にスーツケースのカギを**こわされました**。

表13　『NEJ: 指導参考書』(2012) Unit 20 p. 98

（1）受身表現

　受身表現は，人が他者の行為を受ける・被るというような意味になります。受けたり被ったりする行為は，心的なことの場合もありますし，言語的なことの場合もあります（受身表現A，Unit20）。また，物理的な行為の場合もあります（受身表現B，Unit23）。他に「知的受身」とでも呼ぶべき表現法があります（受身表現C，Unit24）。「知的受身」では，英語の受身文のように，人ではなく物が文の主語になります。以下の例を見てください。

1.　それで，（わたしは）父によくほめられました。（受身表現A）

2.　弟はよく母にしかられました。（受身表現A）

3.　よく先生から仕事を頼まれました。（受身表現A）

4.　道を歩いていると，急に犬にほえられました。（受身表現B，Unit23で勉強します）

5.　日本では，昔から日本語が話されています。（受身表現C，Unit24で勉強します）

　このように，『NEJ』では，有情の受身を心的または言語的な受身（受身表現 A）と物理的な受身（受身表現 B）に分け，心的または言語的な受身を被害性のない受身で，物理的な受身（受身表現 B）を被害受身として扱っている[7]。つまり，受身表現 A で，直接受身の一部を被害性のない受身として扱い，被害性のない範囲を明示しているのである。このような説明があれば，直接受身がいつ被害性がない文になるのかという質問は出ないだろう。

　以上，三つのタイプの教科書の受身の扱いを見てきた。文型分類型と分類しない型では，いつ被害性がない受身文になるのかが示されていないこと，意味分類型の『NEJ』では，それが示されていることを確認した。

5.　受身文の産出のルールの作成

5.1　残された課題

　『NEJ』は，従来の問題点を克服しているという点では素晴らしいが，以下のような直接受身の例文が被害性のない受身としても使われることが説明できない。（11）–（13）は，『NEJ』の分類では物理的な受身で被害性を持つことになると考えられるためである。以下では，村上（2018）を基に，これらの例をも産出できるシンプルな算出のルールを考えていきたい。

　　（11）　わたしは母に起こされました。（『初級日本語大地』36 課）

　　（12）　わたしは警察に助けられました。（『まなぼう日本語』30 課）

　　（13）　わたしは救急車で病院に運ばれた。

5.2　村上（2018）の受身文の分析

　村上（2018）は，熊井（2003）を参考に，受身文の分析を行ったものである。直接受身は中立受身であるという説には，数は少ないものの反例がある。次の（14）–（16）は，能動文にはない被害性を持っている。

　　（14）　（私は）友達に鎌倉に連れて行かれた。（= 2）

　　（15）　（私は）友達に（貸していた）お金を返された。

7　『NEJ』には，「物理的な受身（受身表現 B）は被害受身である」という記述はないが，課のタイトルが「ひどい経験」で，例文が全て被害性を持つことからこのように判断して問題ないと考えている。

　　（16）　（私は）花子に夕食をおごられた。

（(15)(16) 村上 (2018)）

　さらに，日本語学習者の視点で見れば「先生に仕事を頼まれた」を発話すべき場面がわからないことは，先に指摘した通りである。

5.2.1　受身の主節述部における適切な使用場面

　村上 (2018) では，「話者が被動作主で，かつ，主節述部で直接受身が用いられた文」という限定付きで直接受身の使用が適切になるのはいつかを考察した。「受身の使用が適切である」というのは，発話者が意図しない被害性を持つことがないという意味で，先の (14) – (16) は「受身の使用が不適切」な例である。

　そして，特定の文脈がなくとも直接受身が中立解釈を持ち得る二つの動詞群と，受身の使用が適切となる三つの使用場面を挙げた。二つの動詞群は，【感情】と【言語活動】である。【感情】とは，「愛する」「嫌う」等の感情または「見つめる」等の感情を含んだ視線を送る動詞である。

　　（17）　私は，両親に愛された。

　　（18）　私は，恋人に見つめられた。

【言語活動】とは，「～と言われた」に言い換えられる動詞で，「誘う」「ほめる」「しかる」「命じる」等，73 語を挙げた。例えば，「映画に誘われた」は「「映画に行かない？」と言われた」のように言い換えられる。このような動詞が【言語活動】である。一方，「語る」「説明する」のように一定の情報量を持つ動詞は，「～と言われた」に言い換えられないため，【言語活動】には含まれない。例えば，「部長に武勇伝を語られた」は，「部長に～と言われた」には言い換えられない。そして，この二つの動詞群の他に，【その他】として「贈る」「寄贈する」「進呈する」「プレゼントする」と「渡す」の 5 語も特別な文脈なしに中立解釈を持つとした。

　興味深いことに，『みんなの日本語』の直接受身の例文は，「ほめる」「呼ぶ」「招待する」等，全て【言語活動】である。『みんなの日本語』の例文は，実は，被害性のない解釈を持ち得る動詞に厳選されているのだが，明示的

な説明がないのである[8]。また『初級日本語げんき』『文化初級日本語』で例外的に被害性がないとした例も，全て【言語活動】の例である。『NEJ』の心的な行為（ほめる，しかる）と言語的な行為（頼む，誘う等）も，全て村上（2018）の【言語活動】に含まれる。

　次に，村上（2018）の直接受身の使用が適切となる三つの使用場面を見ていく。これは，従属節では，主節と従属節のガ格名詞句を統一するという統語的な理由で受身が要請されるが，主節述部で受身を用いるには，行為の受け手が話者であるというだけでなく，積極的な表現意図が必要だという考えに基づいている。三つの使用場面とは，〔反意向〕〔無力〕〔予想外〕である。なお，次の（21）のもちぬしの受身は，村上（2018）では，仁田（1992）に従い直接受身として扱った。

（19）　（私は）友達に騙された。〔反意向〕

（20）　（私は）救急車で病院に運ばれた。〔無力〕

（21）　（私は）知らない人に肩をたたかれた。〔予想外〕

((19) – (21) 村上 (2018))

　〔反意向〕は，「出来事が被動作主の意向に沿わないことであると解釈される場合」である。これは，産出という観点から言えば「他者が私にした行為が私の意向に沿わないことであった」と言いたい場合，つまり「迷惑だ」と言いたい場合に受身文にするというものである。この場合は，「迷惑だ」と述べたいのであるから，受身の適切な使用となる。

　〔無力〕は，動作主と被動作主が，警察官と市民，保護者と未成年の子供，雇用者と被雇用者のように，動作主が何らかの権力を持つ場合，被動作主には選択権がなく無力であると解釈され，受身の使用が適切になるというもので，被動作主が負傷している場合や寝ている場合もここに含まれる。被動作主に決定権がない場面では，被害性を持たない解釈が可能である。

（22）　私は両親に大切に育てられた。

（23）　この大会で私は同盟局長に選ばれた。

8　ただし，『みんなの日本語初級Ⅱ　翻訳・文法解説』には，Useful Words & Information として，イラスト付きで「殺す」「撃つ」「刺す」といった単語が提示されている。

（24）　母の生まれ育った山村には，私もよく連れて行かれた。

（(22) – (24) 村上（2018））

　先に挙げた『NEJ』の記述では被害性を持つことになるとした「母に起こされた」「救急車で病院に運ばれた」等は，〔無力〕という場面での使用であることにより，被害性のない解釈が可能であると説明できるのである。

　〔予想外〕は，「被動作主にとって出来事が予想外であると解釈される場合，受身の使用が適切となる」というものある。これは，主に次のように副詞句等によって〔予想外〕となる。

（25）　驚いたことにルームメートに洗濯機の使い方を説明された。

（村上（2018））

5.2.2　受身の適切な使用場面と「～てもらう」の関係

　村上（2018）では，【言語活動】と【感情】，【その他】で挙げた動詞は，授受表現，特に受身と同じ受け手主語の「～てもらう」に言い換えると「被動作主が頼んだという解釈になるようだ」ということを指摘した。【その他】は 5 語のみで，「プレゼントされた」「贈られた」は「もらった」で代用できるため以下の議論からは除き，【言語活動】と【感情】について，詳しく見ていきたい。以下の例の b は，もちろん非文ではないが，受身のほうが自然であるし，「～てもらう」は「私」が頼んだという解釈が強くなる。

（26）a.　私は，母にほめられた。

　　　b.　私は，母にほめてもらった。

（27）a.　私は，両親に愛された。

　　　b.　私は，両親に愛してもらった。

　また，述語動詞が表す出来事を望ましいと考えている場合も，望ましくないと考えている場合も，共に受身文が自然である。

（28）a.　私は，母にしかられた。おかげで目が覚めた。

　　　b.　私は，母にしかられた。悲しかった。

（29）a.　私は，恋人に見つめられた。嬉しい。

　　　b.　私は，恋人に見つめられた。不愉快だ。

　このように，【言語活動】【感情】は「～てもらう」に言い換えると不自然

で，かつ，出来事の捉え方にかかわらず受身文が自然である。一方，動詞が【言語活動】【感情】以外で〔無力〕〔予想外〕〔反意向〕の場合は，事情が異なる。

　〔無力〕の場合は，「述語動詞の表す出来事時，私は無力で何もできない存在であった」と述べたい場合は受身，「述語動詞の表す出来事は，ありがたいことである」と述べたい場合は，「～てもらう」も適切である。

(30) a.　私は，真夜中に母親に起こされた。地震だった。

　　 b.　私は，母に起こしてもらった。助かった。

(31) a.　私は，祖父母に育てられた。

　　 b.　私は，祖父母に育ててもらった。

　〔反意向〕の場合は，述語動詞の出来事を「私の意向に反するものであった」と述べたければ受身，「ありがたいことである」と述べたければ「～てもらう」等の授受表現にする必要がある。

(32) a.　私は，先生に日本語を教えられた。

　　 b.　私は，先生に日本語を教えてもらった。

(33) a.　私は，先生に日本語をなおされた。

　　 b.　私は，先生に日本語をなおしてもらった。

(34) a.　私は，友達にうちに来られた。

　　 b.　私は，友達にうちに来てもらった。

　〔予想外〕は，「～てもらう」に言い換えると，同じ場面の発話としては不適切になるようである。(35) b は，例えば，駅で見知らぬ人に呼びかけられたという場面では使えない。

(35) a.　知らない人に肩をたたかれた。

　　 b.　知らない人に肩をたたいてもらった。

　以上のことから，【言語活動】【感情】は，その述語動詞で表される行為を受けた場合は受身を使うのが基本，〔無力〕〔予想外〕〔反意向〕は，「～てもらう」との使い分けをしたほうがいいと言える。

5.2.3　受身の適切な使用場面と受身の分類の関係

　産出のルールの作成のために，以下では，動詞の分類である【言語活

動】【感情】を使用場面の一つとして，A.〔言語・感情〕と呼び，B.〔無力〕，
C.〔予想外〕，D.〔反意向〕と合わせて四つの受身の適切な使用場面とする。
そして，四つの使用場面と能動文との対応による受身の分類の関係を表14
にまとめる。丸付き数字は表1と共通，中抜きの丸付き数字はこれまで本
稿で言及した例，番号がない例は表14で初めて提示する例文である。「例
文の被害性」は，個々の例文を何の文脈もなく解釈した場合の被害性で，語
彙の意味によるものも含む。例文の「私は」は紙幅の都合で省略する。能動
文との関係に注目し表14を見てみよう。なお，「能動文との対応」の「直」
は直接受身，「も」はもちぬしの受身，「間」は間接受身を指す。

表14　受身の適切な使用場面と受身の分類

適切な使用場面	動詞の意味的な制約	例文	能動文との対応	例文の被害性	〜てもらう
A.〔言語・感情〕	【言語活動】【感情】	②先生にほめられた。 ③上司に仕事を頼まれた。 ❶両親に愛された。	直	無	不自然
		⑤母にしかられた。		有	
		⑨先生に作文をほめられた。	も	無	
		友達に作文をけなされた。		有	
B.〔無力〕	Aの動詞以外	④母に起こされた。 ❷警察に助けられた。 ❸救急車で病院に運ばれた。	直	無	自然
C.〔予想外〕	Aの動詞以外	❹驚いたことに，ルームメートに洗濯機の使い方を説明された。	直	無	不可
		❺知らない人に肩をたたかれた。	も	無	
D.〔反意向〕	制限無	⑥誰かに押された。 ❻友達に鎌倉に連れて行かれた。 ❼先生に日本語を教えられた。	直	有	自然
		⑦誰かに背中を押された。 ⑧すりに財布を盗られた。	も		
		⑩雨に降られた。 ⑪隣の人にたばこを吸われた。	間		

　Ａの〔言語・感情〕には，直接受身ともちぬしの受身の一部が現れる。もちぬしの受身の一部というのは，例文⑨がその典型で，文の形はもちぬしの受身でも受身文のガ格名詞句が「ほめる」という行為を受けたという解釈（先生が私に対してほめの言葉を述べた）を持つ文である。つまり，Ａに現れるのは，直接受身とそれに準ずるもちぬしの受身である。よってＡは，直接受身は中立受身という記述に，動詞の制限を加えたものであると言える。

　Ｂの〔無力〕の実例は，直接受身のみであった。これは，〔無力〕が，行為の受け手である人間をあたかも意志のない物のように表現する述べ方であり，行為の受け手がヲ格に要請されるものと考えられる。よってＢも，従来の直接受身は中立受身であるという記述とは矛盾せず，具体的にどのような場面で用いられるかを記述したものである。

　Ｃの〔予想外〕も，直接受身と直接受身に準じるもちぬしの受身の一部が現れる。〔予想外〕のもちぬしの受身は，仁田（1992）の「持ち主の受身」で受身文のヲ格名詞句がガ名詞句と分離不可能な❺「肩をたたかれる」のような例で，直接受身に準じるものある。このことから，〔予想外〕も，直接受身は中立受身という記述に，具体的な使用場面を加えたものである。

　最後に，Ｄの〔反意向〕は，直接，もちぬし，間接の全ての受身の例文が現れる。間接受身⑩⑪と，もちぬしの受身⑧（受身文のガ格名詞句とヲ格名詞句が分離可能な例）が〔反意向〕で使われることは，間接受身は被害受身という記述と合致する[9]。⑥⑦は，語彙の意味による被害性を〔反意向〕として扱ったものである。一方，❻❼は，能動文にはない被害が直接受身文に現れている例で，直接受身文は中立受身という説では説明できない現象である。以上，四つの使用場面を能動文との対応による分類から見てきた。

5.3　表現意図による受身文の産出のルール

　表14をもとに，学習者向けの産出のルールを考えていこう。四つの使用場面のうち，Ｃの〔予想外〕は，主に副詞句により予想していないことで

9　仁田（1992）の「まともの受身」（直接受身）と持ち主と所有物が分離不可能な「持ち主の受身」は中立受身で，間接受身と分離不可能なもちぬしの受身（仁田（1992）では間接受身）は被害受身とする説と合致する。

あったと示すものであるので，初級の産出のルールには入れないこととする。

　Aの〔言語・感情〕は，先ほど述べた通り，述語動詞の表す出来事をどう捉えるかにかかわらず受身が適切である。そこで，受身文が被害性を持つかどうかではなく，発話意図によって受身文を産出するルールを示すこととした。表 15 にルールを，表 16 にこれまで見てきた例文とルールの対応を示す。なお，解説に熊井（2003）の受身の意味に関する記述を取り入れた。熊井（2003）は，受動文の本質は「ある事態が主体の意図とは無関係に一方的に降りかかってくることを人と人との関りの中で捉え，それを主体の立場から描くこと」であると述べ「主体合意の尺度」という概念を用い，社会通念上，事態が主体の合意で成立する場合に受身を用いると被害性が高くなるとしている。

　ルールは三つある。「他者が自分に向けて行った行為を迷惑だと表現する意図」がない場合は二つの条件下で受身を用い（ルール 1 と 2），その意図がある場合は無条件で受身を用いるというルールにまとめた。なお，ルール 3 の※は，間接受身を扱う場合の記述である。ルール 1 は『NEJ』の受身 A に「愛される」等【感情】の動詞を加えたものある[10]。ルール 3 は，『NEJ』の受身 B とほぼ同じ，ルール 2 は『NEJ』にはないものである。なお，表 16 に能動文との対応による分類を記載してあるが，表現意図で産出すれば，直接受身ともちぬしの受身の分類は不要であると考えている。

10　西口（2011）では，「Receiving mental activity」に「ほめられる」「しかられる」「尊敬される」「笑われる」「思われる」等が挙げられている。

表15　受身文の産出のルール

	内容
1	他者が自分に向けてある行為を行ったことを述べるとき，その行為が「自分にとって迷惑だった」と表現する意図がなく，動詞が【言語活動】【感情】の場合は，基本的に受身を用いる。 　その行為を望ましいと捉えているときも，望ましくないと捉えているときも，受身を用いるのが自然である。
2	他者が自分に向けてある行為を行ったことを述べるとき，その行為が「自分にとって迷惑だった」と表現する意図がなく，動詞が【言語活動】【感情】以外で，「その行為を受けているとき，私は無力であった」と述べたい場合は，受身を用いる。 　その行為を「ありがたいことだ」と表現したい場合は，「〜てもらう」等を用いる。
3	他者が自分または自分の所有物に向けてある行為を行ったとき，その行為が「自分にとって迷惑だった」と言いたい場合は，受身を用いる。動詞に制限はない。 　その行為を「ありがたいことだ」と表現したい場合は，「〜てもらう」等を用いる。 ※他者が行った行為が自分に向けられていなくても，「自分にとって迷惑だった」と言いたい場合も受身を用いることができる。 例1　隣の人にたばこを吸われた。

【解説】受身は，他者が自分に向けて行った行為を「私の意志とは関係なく起きた出来事」として描く表現である。よって，自分が相手に頼んだことや，自分の意志でするかどうか決められる動作を自分で行った場合には，受身は使わない。
例2：友達と北海道に行く約束をして自分の意志で車に乗った場合。
　　　×友達に車で北海道に連れて行かれた。
　　　○友達に車で北海道に連れて行ってもらった。
　　　○友達と一緒に車で北海道に行った。
例3：友達に履歴書の日本語の確認を依頼し，友達が引き受けた場合。
　　　×私は，友達に履歴書を見られた。
　　　○私は，友達に履歴書を見てもらった。

表16 受身文の産出のルールと例文

	表現意図	動詞の制限	例文	能動文との対応
1	・「迷惑だ」と表現する意図無	【言語活動】【感情】	②先生にほめられた。 ③上司に仕事を頼まれた。 ⑤母にしかられた。 ❶両親に愛された。	直接
			⑨先生に作文をほめられた。	もちぬし
2	・「迷惑だ」と表現する意図無 ・「私は無力だ」と表現したい。	【言語活動】【感情】以外	④母に起こされた。 ❷警察に助けられた。 ❸救急車で病院に運ばれた。	直接
3	・「迷惑だ」と表現する意図有	制限無	⑥誰かに押された。	直接
			⑦誰かに背中を押された。 ⑧すりに財布を盗られた。 　友達に作文をけなされた。	もちぬし
			⑩雨に降られた。 ⑪隣の人にたばこを吸われた。	間接

　なお，これは，受身文の分類ではなく発話意図による産出のルールであるために，同じ文が異なるルールで産出されることになる。例えば，「友達に作文をけなされた」は，動詞が【言語活動】なのでルール1でも3でも産出される（表16では，ルール3に示した）。また，③の「仕事を頼まれる」も同様である。このように，結果的に，一つの受身文が「迷惑だ」と表現したい時もそうでない時も使われるということになるが，ルール1で「先生に仕事を頼まれた」は，嫌だという意図がなくても使えることを示すことができる。「自分の発話が聞き手にどう解釈されるかわからない」ことと，「一つの文を二つの場面で発話できる」ことは，全く別であることを強調しておきたい。

　ただし，この三つのルールでは，産出されない受身文がある。「父にたたかれた」のような【言語活動】【感情】以外の動詞で「迷惑だ」と表現する意図無しの例である。これは，「友達に鎌倉に連れて行かれた」を産出しないルールにするため，直接受身の動詞に制限をかけた副作用であるが，制限をする利点が副作用を上回ると判断している。

　この産出のルールは，直接受身，もちぬしの受身，間接受身という枠組み
で見ると奇異なものに見えるかもしれない。しかし，これまで日本語教育で
は，不適切な受身文が産出されるのを防ぐため有情の受身を被害受身とした
り，被害性のない例文を例外としたり，被害性のない受身になる範囲の説明
なしに中立の例文が提示されてきたりしたのである。こういった状況より，
ルール1と2で「迷惑だという意図がない」ときに受身にする範囲を明示し
たほうが，受身文の被害性について内省が利かない学習者にとっては有益で
ある。学習者が，「頼まれた」等を「迷惑だと言いたいと解釈されると悪いか
ら，受身を使わないでおこう」という非用を避ける一助になるからである。

6.　むすび

　本稿では，日本語の教科書の分析を通して，受身文の扱い方の課題を明ら
かにし，受身の産出のルールを提案した。最後に，冒頭の二つの例文を再掲
し，上述のルールと照らし合わせてみていく。

　　(36)　（私は）先生に仕事を頼まれました。　　　　（＝(1)）

　　(37)　（私は）友達に鎌倉に連れて行かれた。　　　（＝(2)）

「(36)は嫌だったときに言うのか」という問いに対しては，ルール1で
「「頼む」は〔言語・感情〕だから，「嫌ではない」ときにも使える」という回
答になる。(37)は，「迷惑だ」という意図がない場合，ルール1にも2にも
当てはまらないので，受身は使わないと説明できる。

　以上が本稿の考える受身文の産出のルールであるが，これは主節に限定し
たルールである。受身文の被害性の有無が主節と従属節で異なるという現象
が，受身の研究で指摘されている（例えば，川村(2012)）。従属節と主節の
視点を統一するために受身が要請されること，「おごられるのは，好きじゃ
ない」のように名詞句に受身が入る用法等は，本ルールでは説明できないも
のであり，中級以降で別途扱っていく必要があると考えている。

調査対象の教科書

『JAPANESE FOR BUSY PEOPLE Ⅲ』(2007) AJLAT. 東京：講談社インターナショナ
　ル.

『SITUATIONAL FUNCTIONAL JAPANESE VOLUME THREE: NOTES 第 2 版』（1994）
　　筑波ランゲージグループ. 東京：凡人社.

『初級日本語下』新装改訂版（2010）東京外国語大学留学生日本語教育センター編. 東
　　京：凡人社.

『みんなの日本語初級 II　第 2 版　本冊』（2013）スリーエーネットワーク編著. 東京：ス
　　リーエーネットワーク.

『みんなの日本語初級 II　第 2 版　翻訳・文法解説英語版』（2013）. 東京：スリーエー
　　ネットワーク編著. 東京：スリーエーネットワーク.

『初級語学留学生のための日本語 II』（2002）岡本輝彦・木川和子・辻本澄子・松井充
　　子. 東京：凡人社.

『学ぼう！にほんご　初級 2』第 3 版（2013）日本語教育教材開発委員会編. 東京：専門
　　教育出版.

『はじめよう日本語初級 2　メインテキスト　改訂版』（2013）TIJ 東京日本語研修所. 東
　　京：スリーエーネットワーク.

『J.Bridge for Beginners 2』（2008）小山悟. 東京：凡人社.

『日本語初級 2　大地　メインテキスト』（2009）山崎佳子・石井怜子・佐々木薫・高橋
　　美和子・町田恵子. 東京：スリーエーネットワーク.

『できる日本語　初中級本冊』（2012）できる日本語教材開発プロジェクト. 東京：アルク.

『大学の日本語　初級ともだち 2』（2017）東京外国語大学留学生日本語教育センター編.
　　東京：東京外国語大学出版会.

『初級日本語げんき II　第 3 版』（2020）坂野永理・池田庸子・大野裕・品川恭子・渡嘉
　　敷恭子. 東京：The Japan Times.

『初級日本語げんき［教師用ガイド］』（2021）坂野永理・池田庸子・大野裕・品川恭
　　子・渡嘉敷恭子. 東京：The Japan Times.

『文化初級日本語 II　テキスト改訂版改訂版』（2013）文化外国語専門学校日本語科. 東
　　京：文化外国語専門学校.

『まるごと日本のことばと文化初級 2　2A　かつどう』（2014）国際交流基金編. 東京：三
　　修社.

『まるごと日本のことばと文化初級 2　A2　りかい』（2014）国際交流基金編. 東京：三修
　　社.

『NEJ：A New Approach to Elementary Japanese ── テーマで学ぶ基礎日本語──2』
　　（2012）西口光一. 東京：くろしお出版.

『NEJ：A New Approach to Elementary Japanese ──テーマで学ぶ基礎日本語──指導参
　　考書』（2012）西口光一. 東京：くろしお出版.

『つなぐにほんご初級 2』（2017）ヒューマンアカデミー日本語学校. 東京：アスク.

参照文献

庵功雄（2018）『一歩進んだ日本語文法の教え方 2』東京：くろしお出版.

川口義一・小宮千鶴子・新屋映子・熊井浩子・守屋三千代（1991）『日本語教育チェッ

クブック ポイントをおさえる教え方』. 日本語を教える②. 東京：バベル・プレス.

川村大（2012）『ラル形述語文の研究』東京：くろしお出版.

菊地康人（2007）「受身は「難しくて役に立たない」か──現場から考える「初級文法教育，こうしたら」──」『AJALT』30: 18–22.

菊地康人・増田真理子（2009）「初級文法教育の現状と課題──「です・ます完全文」をテンプレートとする教育からの転換を──」『日本語学』28（11）: 64–74.

熊井浩子（2003）「日本語受動文の迷惑性について」『静岡大学留学生センター紀要』2: 25–43.

迫田久美子・西村浩子（1991）「コミュニケーションを重視した受け身文の指導法の研究──教科書分析及び目標言語調査に基づいて」『日本語教育』73: 73–90.

志波彩子（2015）『現代日本語の受身構文タイプとテクストジャンル』東京：和泉書院.

鈴木重幸（1972）『日本語文法・形態論』東京：麦書房.

鈴木重幸（1980）「動詞の「たちば」をめぐって」『教育国語』60: 20–29.

高嶋幸太・関かおる（2018）『〈初級者の間違いから学ぶ〉日本語文法を教えるためのポイント 30』東京：大修館書店.

富田隆行（1993a）『これだけは知っておきたい日本語教育のための基礎表現 50 とその教え方』. 第 3 版, 東京：凡人社.

富田隆行（1993b）『これだけは知っておきたい日本語教育のための教授法マニュアル 70 例下』東京：凡人社.

中西久美子・坂口昌子・中俣尚己・大谷つかさ・寺田友子（2021）『場面とコミュニケーションでわかる日本語文法ハンドブック』東京：ひつじ書房.

西口光一（2011）『新装版基礎日本語文法教本』東京：アルク.

仁田義雄（1992）「持ち主の受身をめぐって」藤森ことばの会編『藤森ことば論集』354–323. 東京：清文堂.

増田真理子（2014）「教室における日本語の受身の教育──試みのひとつとして──」『2014 年度日本語教育学会春季大会予稿集』: 30–33.

三上章（1953）『現代語法序説』東京：刀江書院（くろしお出版より復刊（1972））

村上佳恵（2018）「主節述部における直接受身の適切な使用場面」『日本語／日本語教育研究』9: 23–38.

村上佳恵（2020）「もちぬしの受身文の被害性──「ほめられる」を中心に──」『社会志林』67（3）: 155–171.

山下好孝（1997）「「受け身」教授法の問題点」『北海道大学留学センター紀要』1: 1–15.

第3章

母語話者コーパスから見た日本語の受身文

庵　功雄

1.　はじめに

　日本語の受身文（以下，受身文）についてはこれまで多くの研究が存在する。それらの日本語学的立場からの位置づけについては本論文集所収の志波論文（志波 2022）に譲るが，受身文の使用実態についての包括的な研究はまだ多くはない。本稿では，日本語書き言葉均衡コーパス（BCCWJ），日常会話コーパス（CEJC）という書きことば，話しことばにおける大規模均衡コーパスを用いて，受身文の使用実態について調査した結果を報告する[1]。

　受身文については様々な論点が存在するが，本稿の目的の1つは，そうした議論を使用実態の点から検証することであり，これは特に，日本語教育において受身をどのように扱うべきかという問題を考える上で重要である[2]。

2.　本稿における受身文の捉え方

　本稿では受身文を分析していくが，本節では，その際の受身文の捉え方について規定しておく。

　本稿では，庵（2012）に従い，図1のように，出来事の中に要素が2つ存

1　受身の使用実態を BCCWJ と CEJC を用いて分析したものに古賀（2022）があるが，本稿はより包括的な分析を行っている。

2　日本語教育における受身の扱いに関する詳しい議論は菊地・増田（2009），庵（2018）および本論文集所収の菊地・増田（2022），村上（2022），前田（2022）などを参照されたい。

在し一方から他方に影響が及ぶ際に影響の受け手を主語にして作られる受身
を「直接受身」，図2のように，影響の受け手が出来事の中に存在せず出来事
から影響（通常は迷惑）を受けていることを表す受身を「間接受身」と呼ぶ。

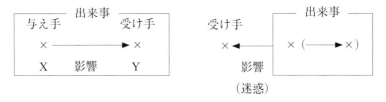

図1　直接受身　　　　　　　　　　　　　**図2　間接受身**[3]

　直接受身では，影響の与え手を主語にした (1) のような能動文と影響の受
け手を主語にした (2) のような直接受身文との間に相互の含意関係が成立す
る。したがって，(3a)(3b) はいずれも非文となる。

(1)　　猫がハムスターを追いかけている。　　（能動文）

(2)　　ハムスターが猫に追いかけ<u>られ</u>ている。（直接受身文）

(3) a. *猫はハムスターを追いかけているが，ハムスターは猫に追いか
　　　　け<u>られ</u>ていない。

　　 b. *ハムスターは猫に追いかけ<u>られ</u>ているが，猫はハムスターを追
　　　　いかけていない。

　これに対し，間接受身では，間接受身文は能動文の成立を含意するが，そ
の逆は必ずしも成り立たない。

(4)　　彼の妻が家出した。　　（能動文）

(5)　　彼は妻に家出<u>された</u>。（間接受身文）

(6) a. ^{OK}彼の妻は家出したが，彼は妻に家出<u>された</u>ことに気づいていな
　　　　い。

　　 b. *彼は妻に家出<u>された</u>が，彼の妻は家出していない。

　これ以外に，(8b)(10b) のような「中間的な受身」が存在する[4]。日本語で

3　図2の（　）の要素は他動詞の場合は存在するが，自動詞の場合は存在しない。

4　中間的な受身は「持ち主の受身」「第三者の受身」を総称したものである。

は「X が Y の Z を V」という能動文において Z が「身体部位，所有物」であるときには直接受身よりも中間的な受身が好まれる（庵 2018）。

(7)　　誰かが電車の中で私の足を踏んだ。　　　（能動文）

(8)　a.?? 電車の中で私の足が誰かに踏まれた。（直接受身）

　　 b.　電車の中で私は誰かに足を踏まれた。（中間的な受身）

(9)　　スリが私の財布をすった。　　　（能動文）

(10)　a.　?私の財布がスリにすられた。（直接受身）

　　 b.　私はスリに財布をすられた。（中間的な受身）

本稿では，間接受身と中間的な受身を合わせて「非直接受身」と呼ぶが，非直接受身の特徴はヲ格名詞句が残ることである（(5)のような自動詞由来の間接受身を除く）。中間的な受身の例は上述の通りだが，間接受身の例は以下の通りである。

(11)　　私は隣人に一晩中ピアノを弾かれて，眠れなかった。

3.　調査の方法

本稿では，以上の規定に基づいて，大規模均衡コーパスを用いて日本語の受身文の使用実態を論じるが，本節ではその調査方法を述べる。

本稿では，書きことばのデータとして日本語書き言葉均衡コーパス（BCCWJ），話しことばのデータとして日本語日常会話コーパス（CEJC）を用い，検索には中納言を用いた。

3.1　BCCWJ の検索方法

BCCWJ に関しては，全データだと検索結果がダウンロード可能の上限である 10 万例を超えるため，コアデータ全体を検索対象とし，(12) の条件で短単位検索を行った。その後，この 2 つの検索結果のファイルを結合し，その中から，目視で受身以外の用法（可能，尊敬，自発）の例を削除し，残ったものを考察対象のデータとした。

(12)　a.　キー：品詞＝動詞，キーから 1 語：語彙素＝れる

　　 b.　キー：品詞＝動詞，キーから 1 語：語彙素＝られる

その結果，BCCWJ では 7036 例，CEJC では 2138 例が考察対象となった。

3.2　CEJC の検索方法

　CEJC に関しては，2018 年と 2020 年の全データを考察対象とした。検索条件は（12）と同じで，この 2 つの検索結果のファイルを結合し，その中から，目視で受身以外の用法（可能，尊敬，自発）の例を削除し，残ったものを考察対象のデータとした。

4.　調査結果

　本節以降では，調査結果を述べる。

　5 節では BCCWJ におけるレジスター，6 節では使われる動詞，7 節〜 10 節では文中での位置，11 節では受身の種類，12 節では動作主というそれぞれの観点から，日本語の受身文の使用実態を明らかにする。

5.　レジスター

　本節では，レジスターと受身の関係について考える。CEJC についてはレジスターの基準が明確ではないため，本稿では BCCWJ においてのみレジスターとの関係を考える。

　受身文の用例数と各レジスターの語数の関係は次の表 1，図 3 のようである。各レジスターの語数は https://clrd.ninjal.ac.jp/bccwj/bcc-chu-suw.html にある短単位語数データ ver.1.1 を用いて算出した。

表 1　レジスターと受身[5]

	受身	総語数
出版・雑誌	1273 ↓	228366 ↑
出版・書籍	1440 ↑	218152 ↓
出版・新聞	2088 ↑	236434 ↓
特定目的・ブログ	367 ↓	117242 ↑
特定目的・知恵袋	466 ↓	110280 ↑
特定目的・白書	1402	220508
総計	7036	1130982

5　カイ二乗検定には https://www.kisnet.or.jp/nappa/software/star/ を用いた。以下，表中の ↑ は残差分析の結果，有意に多いこと，↓ は有意に少ないことをそれぞれ表す。

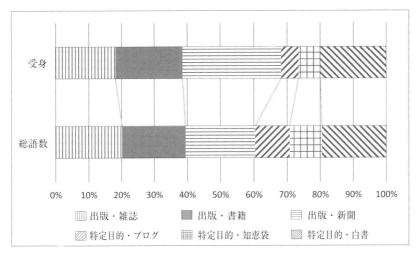

図 3　レジスターと受身

　レジスターと受身の用例数の 6 × 2 のカイ二乗検定を行った結果は $\chi^2(5)$ = 527.369, $p < .001$ で表 1 からわかるように，書籍，新聞で受身が有意に多く，雑誌，ブログ，知恵袋では有意に少なかった。ただし，Cramer's V = 0.022 であり，効果量は非常に小さかった。

6.　動詞

　本節では，受身で用いられる動詞についての調査結果を示す（次ページ表 2，表 3）。なお，検索自体は短単位で行ったが，動詞を特定する際には手動でサ変動詞を結合するなど，長単位相当の形式に修正した上で分析を行った。

　書きことばと話しことばでは受身形で使われる動詞の種類と分布に大きな違いがあることは庵（2014）でも指摘したが[6]，より統制された大規模コーパスである BCCWJ と CEJC においても同様の結果が得られた。

6　庵（2014）では書きことばとして新書コーパス，話しことばとして名大会話コーパスを用いた。

表 2　BCCWJ の動詞			
順位	動詞	頻度	累積%
1	行う	324	4.61
2	言う	295	8.80
3	見る	195	11.57
4	する	182	14.16
5	呼ぶ	125	15.94
6	開く	111	17.51
7	使う	91	18.81
8	求める	72	19.83
9	知る	67	20.78
10	開催する	66	21.72
11	期待する	60	22.58
12	含む	59	23.41
13	認める	54	24.18
13	実施する	54	24.95
15	作る	53	25.70
16	書く	43	26.32
17	逮捕する	41	26.90
18	設置する	38	27.44
19	置く	37	27.96
20	発表する	36	28.48

表 3　CEJC の動詞			
順位	動詞	頻度	累積%
1	言う	798	37.32
2	遣る	42	39.29
3	呼ぶ	41	41.21
3	取る	41	43.12
5	怒る	36	44.81
5	する	36	46.49
7	聞く	34	48.08
8	思う	28	49.39
9	見る	21	50.37
10	打つ	20	51.31
11	使う	17	52.10
12	刺す	15	52.81
13	引く	14	53.46
14	紹介する	13	54.07
14	嫌う	13	54.68
16	落とす	12	55.24
17	書く	11	55.75
17	誘う	11	56.27
19	選ぶ	10	56.74
19	送る	10	57.20
19	殺す	10	57.67

　中でも特徴的なのは，CEJC における「言う」の頻度の大きさである。表 3 からわかるように，CEJC ではのべ語数における 40％弱が「言う」である。一方，BCCWJ ではのべ語数頻度上位 20 位までの累積でも 30％に及ばない。また，CEJC には「言う，呼ぶ，怒る，聞く」といった言語による行為を表す動詞が多いが，BCCWJ にはそうした特徴は見られず，その結果，両コーパスで上位 20 位に現れるのは「言う，見る，する，呼ぶ，使う，書く」のみと限られている。

7. 文中での位置

　次に，受身形が使われる文中の位置の観点から考察を行う。具体的には，終止位置（「れる，られる」を含む述語が文終止位置に現れる場合およびそれにモダリティ形式がついた場合），連体位置（「れる，られる」を含む述語が連体節内に現れる場合），連用位置（「れる，られる」を含む述語が連用節内に現れる場合）に分けて考察する。それぞれの例は次の通りである[7]。

- (13)　公害紛争処理法における公害紛争処理の手続は，原則として紛争当事者からの申請によって<u>開始される</u>。（OW6X_00008「公害等調整委員会」）　　　　　　　　　　　　　　　　　（終止位置）

- (14)　必要な資源なしには，いくつかの良いアイディアも<u>生かされない</u>かもしれません。（PB43_00060「Yahoo! 知恵袋」）　（終止位置）

- (15)　また川ちゃんに<u>突っ込まれ</u>そう（T011_019[+]）　　　　（終止位置）

- (16)　明治時代の小説家・樋口一葉が<u>選ばれた</u>のは，女性の社会進出の進展を受けてのことだ。（PN4g_00015　西日本新聞朝刊2004.10.31）　　　　　　　　　　　　　　　　　　　　（連体位置）

- (17)　ギターのほうは，おもちゃショーに<u>出展されていた</u>「YAMAHA EZ-EG」である。（PM25_00084　山崎マキコ「月刊アスキー」2002 年 7 月号）　　　　　　　　　　　　　　　（連体位置）

- (18)　だってこれ一応<u>関連付けられた</u>商品一覧なってるもんね（K003_013[+]）　　　　　　　　　　　　　　　　　　　　　（連体位置）

- (19)　運動の成果として，厚生労働省による「高次脳機能障害支援モデル事業」が<u>開始され</u>，谷間の障害として，マスコミにも取り上げられた。（PB53_00081　東川悦子「障害者福祉制度改革なにが問題か」）　　　　　　　　　　　　　　　　　　　（連用位置）

- (20)　去年あの記憶に<u>呼ばれ</u>て本社に行ったのよ（T008_022[+]）

　　　　　　　　　　　　　　　　　　　　　　　　　　　（連用位置）

本節では両コーパスにおける位置の違いを考察する。

7　[+] をつけたものは CEJC の用例，それがないものは BCCWJ の用例である。

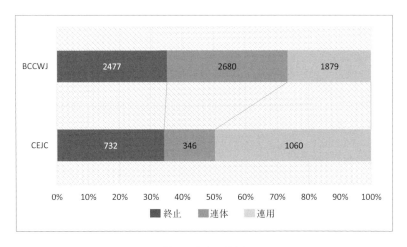

図4　文中の位置

　カイ二乗検定の結果は，$\chi^2(2) = 506.799$, $p < .001$, Cramer's V = 0.235 であり，BCCWJ の連体と CEJC の連用が有意に多く，BCCWJ の連用と CEJC の連体が有意に少なかった。一方，終止位置に関しては有意差はなかった。

　以下，8 節〜 10 節で，それぞれの位置の特徴を考察する。

8.　終止位置の場合

　本節では終止位置について考察する。

8.1　主語の現れ方

　まず，主語の現れ方を見る[8]。ここで，「非出現」は有形の主語が現れていないもので，いわゆる「省略」に当たる[9]。また，志波（2022）に従い，次の（21）のような文における受身は一種の非人称受身と考え，その主語を「非人称」に分類した。なお，連体節，連用節においては基本的に「は」と

8　本稿では，動作，出来事，属性などの主を表すガ格名詞句を主語と考える（庵 2018）。

9　こうした名詞句を「省略」と捉えるべきではないことについては庵（2022）参照。

「が」が対立しないことから，主語に関する考察は終止位置に限定する[10]。

　（21）　例えば米カリフォルニア沖約三十キロにあるサンタ・バーバラ
　　　　　諸島は，米大陸と陸続きになったことはないと<u>考えられている</u>。
　　　　　（PM51_00213　河合信和「朝日総研リポート」2005 年 5 月号）

2 つのコーパスにおける主語の現れ方は次のようであった[11]。

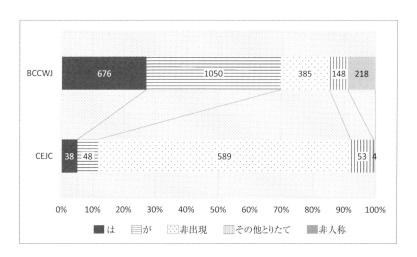

図 5　主語の現れ方

　図 5 から興味深いことがわかる。

　1 つは BCCWJ では有形の主語，特に「が」が多いことで，もう 1 つは
CEJC では非出現が圧倒的に多いことである。このうち，後者は，日本語で
は「非出現」が無標であるという庵（2022）の指摘は典型的には話しことば
において成り立つことを示していると考えられる。

　一方，前者については，「は」，「が」と受身形との距離が大きく異なるこ

10　「その他とりたて」の内訳は以下の通りで，「ゼロ」の例は (a) のようなものである。
　BCCWJ　も 132，ゼロ 11，まで 4，その他 4
　CEJC　も 18，ゼロ 24，なんか 4，って 4，その他 2
　　(a)　有働さん φ 年がら年中ゆわれる（T001_009⁺）

11　カイ二乗検定の結果は，$\chi^2(4) = 1177.761$，$p < .001$，Cramer's V = 0.606 であり，BCCWJ
の「は」「が」「非人称」と CEJC「非出現」が有意に多く，BCCWJ の「非出現」と CEJC
の「は」「が」「非人称」が有意に少なかった。

とが見られた。具体的には次のようなものである。

(22) 公害苦情相談員は，公害に関する苦情について，住民の相談に応
じ，その処理のために必要な調査を行うとともに，関係行政機関
と連絡を取り合い，当事者に対し改善措置の指導，助言を行うな
ど苦情の受付から解決に至るまで一貫して処理を行うことを期待
されており，全国の地方公共団体に二千六百六十一人（平成十二
年度末）配置されている。

（OW6X_00008「公害紛争処理白書平成 14 年版」）

(23) 職権による調停が成立したときは，裁定の申請は取り下げられた
ものとみなされ，また，不調に終わったときは，裁定手続が続行
される。　　　（OW6X_00008「公害紛争処理白書平成 14 年版」）

　今回の結果は受身文に限ったものだが，「は」と「が」で文中の係り先と
の距離が大きく異なる（「は」の方が距離が大きい）というのは，日本語話し
言葉コーパス（CSJ）を用いて「は」と「が」の係り受け間の距離の違いを
示した庵（2021）の結論の妥当性を示していると考えられる。

8.2　アスペクト

　次に，アスペクト，テンス，肯否について見るが，これらについても考察
対象を終止位置に限定する。これは，連体節内ではテンスやアスペクトが脱
落する「脱テンス，脱アスペクト」と呼ばれる現象（高橋 1994）が起こりや
すいこと，連用節の中には肯否の対立を持たないものがあることなどを考慮
したものである。

　以上を踏まえ，8.2 節ではアスペクト，8.3 節ではテンスと肯否について
それぞれ検討する。まず，有標のアスペクト形式の有無についてである。

表 4　アスペクト形式の有無

	BCCWJ	CEJC	合計
アスペクト形式・無	1524	460	1984
アスペクト形式・有	953	272	1225
合計	2477	732	3209

　アスペクト形式の出現の有無に関しては両コーパス間で有意差はなかった（$\chi^2(1) = 0.360$, ns）。次に，個別のアスペクト形式について見てみる[12]。

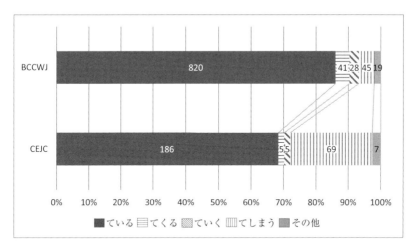

図 6　アスペクト形式の分布

　図 6 からわかるように，BCCWJ では「ている」が，CEJC では「てしまう（ちゃう）」が多い[13]。それぞれの例を挙げる。

(24)　一連の IOC スキャンダルで委員の候補都市訪問などが禁じられ，リポートが重要な判断材料になるだけに，大阪市は厳しい状況に追い込まれている。　（PN1d_00006　産経新聞朝刊 2001.7.8）

(25)　女性について年齢層別に労働力率（人口に対する労働力人口の割合）をみると，二十代前半と四十代後半をピークとし，二十五〜三十四歳を谷とする M 字型カーブを描くことが知られている。

（OW6X_00069　国民生活白書平成 15 年版）

(26)　いっぱい蚊に刺されちゃったの　　　　　　　　（T005_007⁺）

(27)　六十代七十代なんて鼻にもかけないってゆうな感じでねゆわれ

12　「てきている」のように 2 つのアスペクト形式が用いられているものは最初の形式（「てきている」なら「てくる」）に算入した。

13　カイ二乗検定の結果は $x^2(4) = 109.665$, $p < .001$, Cramer's V = 0.299 で，BCCWJ の「ている」と CEJC の「てしまう（ちゃう）」が有意に多く，BCCWJ の「てしまう」と CEJC の「ている」が有意に少なかった。

　　　ちゃう　　　　　　　　　　　　　　　　　　　　　　　　（T004_014⁺）

　（24）（25）に見られるように，BCCWJ で用いられている「ている」は進行中や結果残存のような個別 1 回的な出来事の叙述ではなく，より一般的な内容の叙述に使われている。一方，（26）（27）に見られるように，CEJC における「てしまう（ちゃう）」を含む述語はマイナスイメージのものがほとんどである。このことは，日本語の受身も話しことばではマイナスイメージの内容に用いられやすいことを示しているのかもしれない[14]。

8.3　テンスと肯否

　次に，同じく文法カテゴリーであるテンスと肯否について見る。テンスについては有意傾向に留まった一方，肯否については有意差が認められたが，効果量は非常に小さかった。

表5　テンス（χ^2 (1) = 2.889, .05 < p < .10, ϕ = 0.030）

	BCCWJ	CEJC	合計
ル形	1580	441	2021
タ形	897	291	1188
合計	2477	732	3209

表6　肯否（χ^2 (1) = 18.769, p < .01, ϕ = 0.076）

	BCCWJ	CEJC	合計
肯定	2375 ↑	672 ↓	3047
否定	102 ↓	60 ↑	162
合計	2477	732	3209

　CEJC の方が否定が多いことの理由ははっきりしない。

14　古賀（2022）において，CEJC の方が BCCWJ よりも益岡（1987）の言う「受影受動文」が多く出現していることが指摘されている。受影受動文は主語が影響を受けることを表すものだが，影響を受けることを感じる場合，CEJC における「てしまう」の頻度の高さは，主語が感じる影響はマイナスイメージのことが多いということなのだろうと思われる。

9.　連体位置の場合

次に連体位置の場合を見る。

7節で見たように，話しことば（CEJC）では連体位置が少ない。さらに，主名詞のタイプから見てみると，次のようになる。

表7　主名詞から見た連体位置 (1)

	BCCWJ	CEJC
こと	240	50
の	122	72
もの	47	17
人	25	18
感じ	8	25
ところ	3	11
その他形式名詞	40	58
一般名詞	2202	95
合計	2687	346

表8　主名詞から見た連体位置 (2) [15]

	BCCWJ	CEJC
こと	240	50
の	122	72
その他形式名詞	123	129
一般名詞	2202	95
合計	2687	346

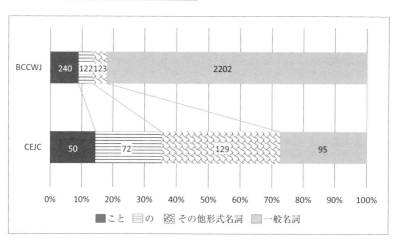

図7　主名詞から見た連体位置

15　カイ二乗検定の結果は $x^2(3)=651.425$，$p < .001$，Cramer's V $= 0.463$ で，BCCWJ では一般名詞のみが有意に多く，それ以外は有意に少なかった。CEJC では一般名詞が有意に少なく，それ以外が有意に多かった。

　図4，表7，表8，図7から，CEJCでは連体節が少ないだけでなく，実質名詞（一般名詞）を主名詞とする連体節の割合も低いことがわかる。「こと」「の」は名詞化のために用いられるものであり，その他の形式名詞も（28）（29）に見られるように，個体を指示するというより，「タイプ（～という類のもの）」を指すために使われていることが多い。

（28）　で免除されてる人は子供がいる人とかあたしもおととしまでは免除されてたのねみんなね大学の先生とかされてる人は立派な経歴がみんな聞くと　　　　　　　　　　　　　　　　　（T001_009[+]）

（29）　ゼップと呼ばれるところがフ二カ所ぐらいある　　（T009_018[+]）

　この傾向は実質名詞を主名詞とする場合も同様で，（30）のように特定の名詞句（「動画」）を指示する用法もあるが，（31）のように「メダルの影響受けたアイドルソング」という「タイプ」を指示しているものも多い。

（30）　萌ちゃん大好きってゆってってゆわれた動画がこの前残ってた
　　　　　　　　　　　　　　　　　　　　　　　　　（K001_003[+]）

（31）　でもだってほら結構こうメタルの影響受けたと思われるさすごい結構アイドルソングって結構いっぱいあるじゃん　　（T006_006[+]）

　このように，話しことば（雑談）における連体節（少なくとも述語が受身形であるもの）は，名詞化のように統語的に必要とされるか，「タイプ」を指示するのに用いられることが多く，（32）（33）のような個別的事象に対応づけられる連体節はあまり用いられないということのようである。

（32）　太郎が食べたアイスクリーム

（33）　花子にプロポーズした男

10.　連用位置の場合

　最後に，連用位置についてみる。

　まず，全体の分布である[16]。

16　「ために（は）」は目的と理由を区別していない。「から」には「からには」「からこそ」「のだから」を含む。

表 9　連用節の内訳（BCCWJ）

順位	節	頻度	累積%	順位	節	頻度	累積%
1	中止節・て	1004	53.66	11	ので	29	86.21
2	が・のだが	261	67.61	12	たり	27	87.65
3	とき・際・場合	52	70.39	13	ば	24	88.94
4	ために（は）	46	72.85	14	など	17	89.85
5	から	42	83.00	15	し	16	90.70
6	ように	38	74.88	15	ままに	16	91.56
7	たら	37	76.86	17	ながら	12	92.20
7	と（条件）	37	78.83	18	なら	11	92.78
9	と（引用）	36	80.76	19	のに	10	93.32
10	ても	31	84.66	20	ほか	8	93.75
					その他	117	
					合計	1871	

表 10　連用節の内訳（CEJC）

順位	形式	頻度	累積%	順位	形式	頻度	累積%
1	中止節・て	457	43.11	11	とき・場合	12	94.25
2	から	151	57.36	12	たり	11	95.28
3	が・のだが	104	67.17	13	てから	6	95.85
4	たら	93	75.94	14	のに	5	96.32
5	と（条件）	55	81.13	15	か	4	96.70
6	ても・たって	45	85.38	15	くらい	4	97.08
7	し	23	87.55	17	ながら	3	97.36
8	ので	22	89.62		その他	28	
8	ば	22	91.70		合計	1060	
10	と（引用）	15	93.11				

　表 9，表 10 で基本的な傾向は似ており，最も多いのはテ節および中止節である。表 10 で「から」の比率が高いのは話しことばでは理由を表す「ために」が使われないことの影響と考えられる。例を挙げる。

（34）　前年二位のトヨタ自動車が，円高の影響で売上高と経常利益を減
　　　　少させながらも，高級乗用車の販売好調に<u>支えられ</u>，三年ぶりに

首位に返り咲いた。

（PN1e_00001　北海道新聞朝刊 2001.5.24。中止節）

（35）　メンフィスの町を歩いているとどこか奇妙な違和感のようなものに
　　　　しばしばまといつかれたのだったが，やがてそれが白人と黒人しか
　　　　見掛けないせいであることに気づき，愕然となったことがある。

（PM31_00020　紀和鏡　週刊朝日 2003 年夏季号。ノダガ節）

（36）　ずっとねちびっこちびっこってゆわれてさちびさんてゆわれ続け
　　　　てたんだよ　　　　　　　　　　　　　　　　（T016_002⁺。テ節）

（37）　メイジェイは西川君にぼろぼろにされたから許してあげて

（T010_006⁺。カラ節）

　また，CEJC では連用節で文が終わる「言いさし」の比率も高い。なお，
本稿では中納言における文区切りを「文」の定義と見なしている。表 10 の
上位 10 位までについて言いさしの有無を調べると次のようになる。

表 11　連用節と言いさし（CEJC）

順位	形式	言いさし・無	言いさし・有	合計	言いさし率
1	中止節・て	213	239	452	52.88
2	から	79	72	151	47.68
3	が・のだが	7	97	104	93.27
4	たら	80	13	93	13.98
5	と（接続）	45	10	55	18.18
6	ても・たって	30	15	45	33.33
7	し	2	21	23	91.30
8	ので	11	11	22	50.00
8	ば	16	6	22	27.27
10	と（引用）	9	6	15	40.00
	その他	65	13	78	16.67
	合計	557	503	1060	47.45

　表 11 から，ガ節（ケド節）やシ節では言いさしの割合が非常に高いのに対
し，タラ節やト節（接続助詞）ではあまり高くないなどの差があることがわ
かる。例は次のようである。

(38)　毎回毎回すごい映画を発表するたびに<u>持ち上げられる</u>けど

（T006_005[+]）

(39)　だからそのヨーロッパのその紛争の歴史みたいなものも<u>取り上げ</u>
<u>られて</u>たし　　　　　　　　　　　　　　　　　　　（T001_003[+]）

(40)　でもなんかお酒飲めよって<u>ゆわれ</u>たら行くかも（T009_011[+]）

(41)　でも目<u>付けられる</u>と怖いもん　　　　　　　　　（T009_008[+]）

11.　受身の種類

　本節では受身の種類について考える。2 節で本稿の受身の捉え方として，
「直接受身」「間接受身」「中間的な受身」の 3 種を設けることと，「間接受
身」と「中間的な受身」を合わせて「非直接受身」と呼ぶことを述べた。こ
こでは「直接受身」「非直接受身」という観点からの分布について考える。

11.1　全体的傾向

　まず，全体的傾向は図 8 の通りである。

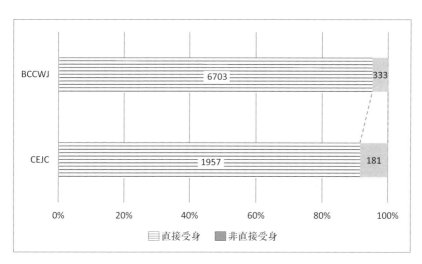

図 8　直接受身と非直接受身

　カイ二乗検定の結果は，　$\chi^2(1) = 42.503$，　$p < .001$，　$\phi = 0.068$ で，CEJC の

方が非直接受身が有意に多いが，効果量が小さいことからこの差はあまり重要とは言えない。むしろ，どちらのコーパスでも，(42)〜(45) のような非直接受身が全体の 10%以下しか使われていないことに注目すべきであろう。

(42)　以前（4 年程前）にバーナーが寿命になったのでディーラーに交換作業を依頼したら，ライトユニットを壊された事がありました。　　　　　　　　　　　　　　　　　　（OC06_02964　Yahoo! 知恵袋）

(43)　ジャワ原人は百万年近く孤立した環境で独自の進化を遂げたが，現代人に取って代わられ，数万年前にほぼ絶滅したらしい。　　　　　　　　　　　　　（PN3c_00009　読売新聞朝刊 2003.2.28）

(44)　でそこまでチャンスも与えられないで挙句最後の最後にもう要はどうあっても西広以外バッターボックスに立てる人間がいない状況で駒がいないってゆう判断をされたらそれはそれでそれは事実上の戦力外通告とゆうかもう部にいる必要すらないよな
　　　　　　　　　　　　　　　　　　　　　　　　　　　（T010_003⁺）

(45)　二人ですってゆって一人で上がってったらきょとんとされた
　　　　　　　　　　　　　　　　　　　　　　　　　　　（T002_013⁺）

11.2　非直接受身で使われる動詞

次に，非直接受身で使われる動詞を見るが，それぞれのコーパスで非直接受身の用例が 3 以上のものを挙げると，次のようになる。なお，他動詞の場合は非直接受身で使える動詞は直接受身でも使える。

(46)　非直接受身で使われる動詞（BCCWJ 頻度 3 以上[17]）

　　　15　迫る

　　　13　奪う

　　　12　求める

　　　10　余儀なくする

　　　 9　言う，強いる，取る

　　　 8　問う，与える

17　ここでの「頻度」は非直接受身の用例数である。

　　　6　掛ける

　　　5　付ける，刺す

　　　4　持つ，押し付ける，する，打つ

　　　3　聞かす，起こす，見る，知らす，宣告する，停止する，聞

　　　　　く，渡す，見せる，踏む，勧める，紹介する，傷付ける

（47）　非直接受身で使われる動詞（CEJC 頻度 3 以上）

　　23　言う

　　19　取る

　　　7　遣る

　　　6　する

　　　5　出す

　　　4　通す，乗せる

　　　3　付き合わす，渡す，付ける，笑う，来る

　（46）（47）からわかるように，非直接受身で使われる動詞も「他動詞」が多く，「自動詞」の「間接受身」の用例は少ない。例えば，「間接受身」の代表「降る」の用例は BCCWJ の次の 1 例で，CEJC の用例はなかった。

（48）　ここで，『ビッグサンダー・マウンテンに乗る前に取っておいた，ファストパスが登場！＃結構並んでいましたが，すいすい〜っと♬＃ちょっと，うれしい＃滝つぼにざぶ〜んっと。＃びっしょり…濡れました。＃一番前の席だったから！！！＃雨に降られず，ここでびしょびしょになりましたよぉ＃

　　　　　　　　　　　　　　　　　（OY04_02704　Yahoo! ブログ）[18]

12.　動作主

　続いて，対応する能動文における動作主の現れ方について見る。

12.1　全体的分布

　初めに，全体の分布を見る。

18　＃は BCCWJ の文区切りの記号である。

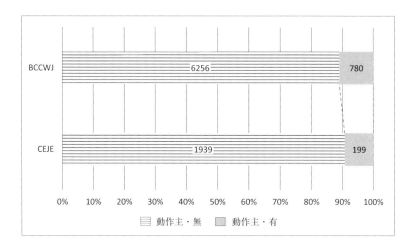

図9 動作主の有無

　この場合も，カイ二乗検定の結果は $\chi^2(1) = 5.253$，$p < .05$，$\phi = 0.024$ で，BCCWJ の方が動作主が現れやすいが，効果量が小さいため，その違いはあまり重要とは言えない。重要なのは，書きことばでも話しことばでも受身文において動作主が現れるのは多くても 10%程度であるという事実である。

12.2　動作主の種類

　次に，動作主が現れる際の動作主の種類について見る。

表12　動作主の種類

	BCCWJ	％	CEJC	％
に	548	70.26	181	90.95
によって	135	17.31	1	0.50
から	89	11.41	13	6.53
で	8	1.03	2	1.01
ゼロ	0	0.00	2	1.01
合計	780	100.00	199	100.00

　表12 からわかるように，書きことばでも話しことばでも「に」が大半を占

めるが，特に話しことばでは「によって」はほぼ使われず，使われるのは若干の「から」を除きほとんどが「に」である。例は次のようなものである。

(49)　元八郎の太刀は総馬の左によって止められ，総馬の下段は元八郎にかわされていた。　　　　　　　　（PB39_00013　上田秀人「波濤剣」）

(50)　親から絶縁され，里親に引き取られる。

（PN3e_00006　北海道新聞夕刊 2003.10.18）

(51)　おばあちゃんにあのきのうも楽しかったみたいだねとかゆわれるからやっぱ声は聞こえてるみたい　　　　　　　（K003_014⁺）

(52)　こうこうゆうセットがンほかからどうゆうふうに見られてるかって考えるとさちょっと心配じゃない　　　　　　（C002_016⁺）

12.3　動作主を要求しやすい動詞

　今回の調査で明らかになった興味深い事実がある。それは，BCCWJ において，動作主を要求する割合が高い動詞が存在することで，こうした動詞は志波（2022）の非情主語非情行為者受身構文に相当する。

表13　動作主を要求しやすい動詞（BCCWJ）　*は動作主比率が70%以上

順位	動詞	全頻度	動作主・頻度	動作主・比率
1	言う	295	27	9.15
2	含む	59	21	35.59
3	囲む*	21	20	95.24
4	襲う*	18	14	77.78
4	支える*	15	14	93.33
6	奪う	20	10	50.00
6	覆う*	12	10	83.33
6	見舞う*	10	10	100.00
6	構成する	22	10	45.45
10	包む*	11	8	72.73
10	遣る	14	8	57.14
10	打つ	20	8	40.00
10	行う	324	8	2.47

例は次のようなものである。

（53）　千住回向院の墓地の中に，二十畳敷きくらいの広間のような，低
　　　　いブロック塀で囲まれた，勤皇の志士たちの一画があります。

（PB22_00002　池田亮二「お墓曼陀羅」）

（54）　激しいアクションとスピード感あふれる展開に支えられた伝奇的
　　　　時代劇こそが，この劇団の売り物だからだ。

（PN5c_00002　読売新聞夕刊 2005.9.28）

（55）　九十六年 9 月，首都コロールとパラオ本島を結ぶ唯一の橋梁であ
　　　　るコロール・バベルダオブ橋が崩落し，吸水管と送電線が切断さ
　　　　れ，コロール地域が断水と停電に見舞われた。

（OW6X_00036　外交 / 政府開発援助白書 2000（下巻（国別援助）））

13.　考察

　ここまで，BCCWJ と CEJC における分布を基に，日本語の受身文の使用
実態についてみてきた。本節では，以上の調査結果を基に，主に日本語教育
の観点から考えるべき点について述べる。

13.1　「文体差」の扱いについて

　最初に考えるのは，話しことばと書きことばという文体差の問題である。

　6 節で見たように，話しことば（CEJC）と書きことば（BCCWJ）では受身
形を取る動詞の分布が全くと言っていいほど異なっている。この違いは，話
しことばの受身が原則として益岡（1987）の言う「昇格受動文」の中の「受
影受動文」であるのに対し，書きことばの受身が原則として益岡（1987）の
言う「降格受動文」であることによると言える。

　8.1 節で見たように，CEJC では主語の非出現が多く BCCWJ では少ない
が，これは，話しことばでは主題連鎖（topic continuity）[19] が起こりやすい（三
上 1960 の言う「ハのピリオド越え」が起こりやすい）のに対し，書きこと
ばでは主語，主題が連続せず，新たな主題や主語が次々にテキストに導入さ

19　主題連鎖について詳しくは Givón（ed. 1983）を参照されたい。

れていくケースが多いことを示している。

　こうした主語の現れ方の違いも，話しことばと書きことばの基本的な受身文がそれぞれ受影受動文，降格受動文であると考えると自然に説明できると思われる。すなわち，受影受動文は「主語について」語るものであり，そのため，同一の名詞句について連続的に述べていく主題連鎖の中に含まれやすいのに対し[20]，降格受動文はある出来事を動作主を問題とせずに述べるものであり，その点でその叙述は1回的なものであるのが基本である。BCCWJにおいて有形の主語のマーカーとして「は」よりも「が」が選ばれやすいのもこの理由によると考えられる。

　以上のことから，話しことばの受身文は，より大きくはテキストにおける主題の維持（主題連鎖）という観点から捉えるべきものであると言える。一方，書きことばの受身文は，2節の図2で示したように，影響の与え手を問題にしないために，影響の受け手を主語にして作られるものである[21]。

13.2 「非直接受身」の扱いについて

　第二に考えることは，「非直接受身」の扱い，特に，「間接受身」の扱いである。11節で見たように，「非直接受身」の頻度は大きくない。特に，自動詞の間接受身はほとんど使われていない。

　この点から考えると，「間接受身」は初級の文法項目から外してもかま

20　日本語のテキストでは「主語（典型的には動作主）」ではなく「主題」が保持される。例えば，日本語では「動作主（経験主）」である「主語」を維持する (b) よりも「主題」である「太郎」を維持して2文目を受身文にした (a) の方が自然だが，英語では「主題」を維持せず，1文ごとに「動作主（経験主）」を「主語」に立てる (d) の方が (a) に対応する (c) よりも自然である（この場合，主語は連続せず切りかわる）。ちなみに，この点では中国語も英語と同様の傾向を示すようである。

　　(a)　　太郎は幸せ者だ。（φは）みんなに愛されている。
　　(b)　??太郎は幸せ者だ。みんなが（φを）愛している。
　　(c)　??Taro is a happy man. He is loved by everybody.
　　(d)　　Taro is a happy man. Everybody loves him.

21　こうしたタイプの受身文は動作の主体を隠す効果を持つため，行為の責任主体を明らかにする必要がある場合には使うべきではない。この点については庵 (2013)，石井 (2012) を参照されたい。

わないと言える。実際，（56）（58）の「間接受身文」で表されている内容は
（57）（59）のように能動文でも表せるし，仮に（56）（58）の方が自然である
としても，この差を身につけるよりも優先的に身につけるべき内容が数多く
存在する以上[22]，「間接受身」の導入時期は現在よりも大幅に遅らせるべきで
あると言える。

（56）　昨日は雨に降られて，ハイキングが中止になってしまった。

（57）　昨日は雨が降って，ハイキングが中止になってしまった。

（58）　林君はうちの課の中心戦力だから，彼に休まれると仕事が進まな
い。

（59）　林君はうちの課の中心戦力だから，彼が休むと仕事が進まない。

13.3　「たすき掛け」の扱いについて

第三に考えることは，「たすき掛け」についてである。

2節で取り上げたような「対応する能動文」という捉え方をする場合，能
動文と受動文の間に次のような「たすき掛け」の関係が成り立つ。

（60）　猫がハムスターを追いかけている。　　　（能動文）

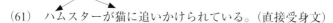

（61）　ハムスターが猫に追いかけられている。（直接受身文）

こうした関係性は日本語学的観点からの受身文の構造的な理解のためには
特に問題にはならないが，これをそのまま受身文の導入に持ち込むことには
大きな問題がある。

この点を最も早く指摘したのは菊地・増田（2009）であると思われる。筆
者も同論文に触発されて，庵（2018）の受身のセクションにおいて同論文の
考え方を敷衍した受身文の捉え方を提案した。菊地・増田（2009）について
は，その発展版である菊地・増田（2022）を参照していただきたいが，本稿
との関連から言うと，受身文の使用実態という点からも「たすき掛け」は行

22　1例として，次例のような「てください」と「させてください」の違い（命令者・許可
者と行為者の関係が入れ替わる）などはより優先的に導入すべき事項である（Cf. 庵 2018）。
（a）　今度の会議に出席してください。（命令者：話し手，行為者：聞き手）
（b）　今度の会議に出席させてください。（許可者：聞き手，行為者：話し手）

うべきではないと言える。

　12.1 節で見たように，話しことばと書きことばの違いにかかわらず，直接受身文には動作主が出現しない。すなわち，（62）という能動文に対応する直接受動文は（動作主であるニ格名詞句を伴わない）（63）であり[23]，（63）は「述語が受身形である自動詞文」である（庵 2018: 14–16）。ここには「たすき掛け」が現れる余地はなく，このように捉えることで受身文の産出はずっと容易になる（この点についてより詳しくは菊地・増田（2009, 2022）を参照されたい）。

　　（62）　X が Y を V する。（能動文）

　　（63）　Y が V（さ）れる。（直接受身文）

13.4　「拡大文型」との関連

　最後に取り上げるのは，前田（2011, 2022）の言う「拡大文型」との関係である。前田（2011）は「受身」を導入する際に，「文末」だけでなく，使用実態に即して「テ節」も積極的に扱うべきであるという「拡大文型」の考え方を示している。本稿の 7 節〜 10 節において「文中での位置」の観点から考察を行ったのも同論文の考え方に基づくものである。

　拡大文型の意義については前田（2011, 2022）を参照していただきたいが，本稿の調査結果からも，話しことばである CEJC だけでなく，書きことばである BCCWJ でもテ節，中止節が数多く用いられており，前田（2011, 2022）の妥当性は大規模コーパスの分析からも裏付けられたと言える。

23　さらに言えば，（63）の「Y が」も必須ではなく，必要に応じて補えばよい（菊地・増田 2009, 2022）。これに関して筆者は次のような実践を行っている。「V（さ）れる」という受身形に対応する主語は特に断らない限り「私」であると考える。こう考えると，（a）に対応する直接受身文が（b）ではなく（c）になることが自然に説明できる。つまり，（b）（c）において「踏まれる」の主語は「私は」であり，そのため，既に主語が存在する（b）は不適格になるのである。

　　（a）　誰かが電車の中で私の足を踏んだ。（=（7））

　　（b）　??電車の中で私の足が踏まれた。（=（8a））

　　（c）　電車の中で私は足を踏まれた。（=（8b））

14.　まとめ

　本稿では，大規模均衡コーパスである BCCWJ と CEJC を用いて，書きこ
とば，話しことばにおける受身文の使用実態を包括的に調査した結果を報告
した。その結果，受身形で使われる動詞のように両コーパスで分布が大きく
異なるものがある一方，非直接受身や動作主を伴う受身などはコーパスの違
いによらず頻度が低いことがわかった。

　受身文は日本語学においても日本語教育においても重要な項目であるが，
特に日本語教育における受身文の取り扱いはこれまで母語話者コーパスでの
頻度の情報を取り入れることなく論じられることが多かった。本稿のデータ
が日本語の受身文に関する議論に少しでも資することができれば，望外の幸
せである。

付記

　本稿は科研費 21H00552 および 21H00536 の研究成果の一部である。

参照文献

Givón, Talmy（ed. 1983）*Topic Continuity in Discourse: A Quantitative Cross-Language Study*. Amsterdam: John Benjamins Pub Co.

庵功雄（2012）『新しい日本語学入門（第 2 版）』東京：スリーエーネットワーク.

庵功雄（2013）「2「文法」でできること：自動詞・他動詞を例に」『日本語教育，日本語学の「次の一手」』19–23，東京：くろしお出版.

庵功雄（2014）「産出のための文法について考える──受身を例として──」『日本語教育学会 2014 年度春季大会予稿集』

庵功雄（2018）『一歩進んだ日本語文法の教え方2』東京：くろしお出版.

庵功雄（2021）「「は」と「が」の使い分けのあり方を定量的に確認する試み」『言語資源活用ワークショップ 2021 発表論文集』198–203.

庵功雄（2022）「日本語の『省略』を支える語彙─文法システム」斎藤倫明・修徳健編『語彙論と文法論をつなぐ』183–200，東京：ひつじ書房.

石井正彦（2012）「『新しい歴史教科書』の言語使用──中学校歴史教科書 8 種の比較調査から─」『阪大日本語研究』24: 1–34.

菊地康人・増田真理子（2009）「初級文法教育の現状と課題──「です・ます完全文」をテンプレートとする教育からの転換を─」『日本語学』28-11: 64–74.

菊地康人・増田真理子（2022）「日本語教育の受身の指導法改善と，被害の有無の識別法」庵功雄編『日本語受身文の新しい捉え方』(本書)，東京：くろしお出版.

古賀悠太郎（2022）「話し言葉と書き言葉における動詞受身形の使用実態──2 種類の
　　コーパスの調査から」『日本語／日本語教育研究』13: 65–80.

前田直子（2011）「受動表現の指導と「拡大文型」の試み」『日本語／日本語教育研究』
　　2: 67–84.

前田直子（2022）「「受動文」から「受身文」へ──受身の捉え方と受身の指導──」庵
　　功雄編『日本語受身文の新しい捉え方』（本書）東京：くろしお出版.

益岡隆志（1987）『命題の文法』東京：くろしお出版.

三上章（1960）『象は鼻が長い』東京：くろしお出版.

村上佳恵（2022）「初級の日本語の教科書の受身の取り扱いについて──被害性のない
　　受身文の産出のルールの必要性──」庵功雄編『日本語受身文の新しい捉え方』
　　（本書）東京：くろしお出版.

志波彩子（2022）「日本語学における受身構文」庵功雄編『日本語受身文の新しい捉
　　え方』（本書）東京：くろしお出版.

高橋太郎（1994）『動詞の研究──動詞の動詞らしさの発展と消失』東京：むぎ書房.

第 4 章

日本語学習者コーパスから見た受動文

大関浩美

1. はじめに

　日本語の受動文は，第二言語学習者にとって習得の遅い言語形式だとされている（Kawaguchi 2005；田中 2010 など）。本稿では，日本語学習者のコーパスにおける受動文の使用から，学習者の受動文習得を考える。個々の学習者が自発的発話においてどのような受動文を使っているかに注目した分析を行ない，言語習得理論と考え合わせ，教育現場への示唆を考える。

2. 先行研究

　日本語学習者の受動文を扱った習得研究では，文作成タスクや絵描写タスクなどを用いたものが多く（田中 1999a；サウェットアイヤラム 2009 など），コーパスを使って実際の受動文の使用を見た研究は少ない。コーパスを見たものでは田中（1999b, 2001）が，90 名（母語は英語，中国語，韓国語）のOPI インタビューを文字化した KY コーパス（鎌田 1999）で使われた受動文を分析している。その結果，①受身表現は中級以降で使われるが，多くの学習者が使うようになるのは上級になってからであること，②受益表現より遅れて出現し，出現順序としては直接受身＞間接受身と言えること，③使用された受身のほとんどが直接受身であり，間接受身の使用は非常に少ないこと，などが報告されている。また，森（2005）は，縦断コーパスであるサコダ・コーパスで使われた受動文を分析し，どの学習者も「言われる」を使っ

た受動文を最も頻繁に使っていることを報告している。しかし，田中の研究
は，受動文の習得順序を受益文とともにヴォイスの習得過程に位置づけて分
析したもので，学習者がどのような受動文を使用しているかを詳細に見た研
究は，管見の限り見当たらない。また，教室での指導を受けていない自然習
得者がどのように受動文を習得しているかを見た研究もない。そこで，本稿
では，教室で指導を受けた学習者および自然習得環境の学習者がどのような
受動文を使っているかを，コーパスを使って分析した。

3. 調査方法

3.1 コーパスおよび対象者

　国立国語研究所により公開されている「多言語母語の日本語学習者横断
コーパス（I-JAS）」の1次データから4次データより，韓国語，中国語，英
語母語話者および自然習得者各50名の「対話」データを分析した。「対話」
データは，1人約30分にコントロールされたインタビューデータである。
インタビュー内容も統制されている。韓国語，中国語，英語母語話者のデー
タは，韓国語母語話者は韓国，中国語母語話者は中国，英語母語話者はアメ
リカおよびオーストラリアで収集されており，どの学習者もJFL学習者（外
国語としての日本語学習者）である。また，日本語教育機関で日本語を学ぶ
教室学習者である。自然習得者のデータは，日本国内で収集されている。母
語は様々である。本稿では，自然習得者の受動文使用が教室学習者とどう
異なるかということも見たいと考えているが，教室学習者はJFL学習者で，
自然習得者はJSL学習者（第二言語としての日本語学習者）であるという違
いもある点は，注意が必要であろう。

　学習者の習熟度は，Japanese Computerized Adaptive Test（J-CAT）の合計得
点によって，レベル分けを行なった。J-CATによるレベル分け（今井2015），
および各母語の人数は，表1のとおりである。

　各母語の学習者は，レベルの分布がそれぞれ異なっている。韓国語母語話
者は，上級と判定できる学習者が10名おり，ほかの言語の母語話者よりも
多く，全体的なレベルが高い。中国語母語話者は上級と判定できる学習者は
少ないが，上級前半と判定される学習者が多い。英語母語話者は，上級以上

の学習者はおらず，上級前半が 2 名いる以外は中級前半から中級後半に集中しており，全体的なレベルが韓国語・中国語母語話者よりも低い。自然習得者も上級以上の学習者はいないが，上級前半の学習者が 8 名おり，全体的なレベルは英語母語話者より多少高いと言える。

表 1　J-CAT による学習者レベルと学習者の人数

J-CAT 得点	レベル	韓国語母語話者	中国語母語話者	英語母語話者	自然習得者
100 点以下	初級	1	0	7	4
101-150	中級前半	5	1	13	11
151-200	中級	6	12	16	12
201-250	中級後半	14	16	12	15
251-300	上級前半	13	18	2	8
301-350	上級	10	2	0	0
351 点以上	日本語母語話者相当	1	1	0	0

3.2　分析方法

　国立国語研究所検索アプリケーション「中納言」を用いて，学習者が使用した受動文を抽出し，分析した。検索は語彙素検索を用い，「れる」「られる」を抽出し，そこから受動文以外のものを取り除いた。活用形が正しいかどうかは問わず，活用形が誤っていても文脈や発話全体から受動文を意図したものだと判断される発話は分析に含めた。逆に，活用形が受身形になっていても，使役文など受動文以外を意図した発話だと考えられる場合は，分析から除いた。

　分析は，①使用数，②直接受身か間接受身か，③受動文の主語，④意味・機能，⑤動詞の種類，⑥動詞の形態について行なった。

4.　調査結果
4.1　受動文の全体的な使用数

　受動文の使用数は，各母語話者 50 名ずつの合計数では，韓国語母語話者 120 例，中国語母語話者 93 例，英語母語話者 50 例，自然習得者 163 例で

あった。前述のように，自然習得者は，上級以上の学習者は全くおらず，習
熟度レベルは中国語，韓国語母語話者よりも全体に低いが，受動文の使用は
最も多かった。これには自然習得者が日本国内に暮らす JSL 学習者である
ことも影響していると考えられるが，いずれにせよ，豊富なインプットがあ
りアウトプットの機会も多い環境にあれば，教室学習がなくても受動文を使
えるようになるということが言えそうである。

　表 2 に，母語，レベル別に，受動文を使用した人数と一人当たりの平均
使用数を示す。

表 2　受動文を使用した人数と一人あたりの受動文平均使用数

	韓国語母語話者			中国語母語話者			英語母語話者			自然習得者		
	人数	使用人数	平均使用数	人数	使用人数	平均使用数	人数	使用人数	平均使用数	人数	使用人数	平均使用数
初級	1	0	0	-	-	-	7	0	0	4	1	0
中級前半	5	0	0	1	1	2.0	13	3	0.3	11	5	2.1
中級	6	1	0.2	12	4	1.0	16	4	0.6	12	8	2.1
中級後半	14	7	1.6	16	6	1.1	12	9	2.4	15	11	4.4
上級前半	13	12	3.2	18	15	2.9	2	1	3.5	8	7	6.1
上級	10	10	3.8	2	1	1.5	-	-	-	-	-	-
NS 相当	1	1	9.0	1	1	5.0	-	-	-	-	-	-

　表 2 で示したとおり，受動文を使用した人数を見ると，中級前半から中
級にかけて受動文を使用し始めているが，使用した人数は中級までは多くは
ない。中級後半になると使用した人数が増えるが，ほとんどの学習者が使
うようになるのは上級前半になってからである。この結果は，田中（1999b,
2001）の KY コーパスの結果と一致している。KY コーパスは，インタ
ビューでの対象者の発言内容から判断すると日本国内の教育機関で日本語を
学ぶ学習者が多いと考えられるため，教室学習がある学習者が受動文を使う
ようになる過程は JFL 環境か JSL 環境かに関わらないようである。一方で，

自然習得者は，中級前半で 11 名中 5 名という約 45％の学習者が受動文を使用し，中級では 12 名中 8 名という約 67％の学習者が受動文を使用しており，中級以下で受動文を使用した学習者の比率が，韓国語・中国語・英語母語話者よりも高い。教室学習がなくても早くから受動文が使われるという結果は，興味深い。

　平均使用数を見ると，上級前半および上級の学習者でも一人当たりの平均使用数はそれほど多くない。これは，全く使わないか 1 例のみという学習者もいるためである。一方で，使用数が多い学習者もおり，個人差が大きい。使用数が多い学習者としては，一人で 10 例以上使用している学習者が，韓国語，中国語母語話者の上級前半以上に 1 名ずついる。自然習得者では，上級前半の学習者のうち 2 名が 10 例を超えて使用しており，中級前半および中級後半でも，10 例以上使用した学習者が 1 名ずついる。受動文の使用には個人差が大きいと言える。

　ただし，これは動詞の種類に関する分析の節で詳しく述べるが，早い段階で使用数が多い学習者は，同じ動詞を使った受動文を繰り返し使っている傾向が見られる。特に，自然習得者で比較的早い段階から受動文を多用した学習者にはその傾向が強い。自然習得者の中級前半で 10 例の使用が見られた学習者の受動文で使われた動詞は，「言う」「怒る」「紹介する」の 3 種類であった。同じく自然習得者で 18 例使用した中級後半の学習者の使用した受動文では，動詞の種類は 8 種類であった。ここから，早くから受動文を多用する学習者であっても，様々な状況で様々な受動文を使用しているというよりも，特定の動詞に関しては受動文を使うというパターン化した使用をしていることが考えられる。

　また，中級前半という早い段階で使われた受動文は，活用形や助詞が非常に不安定であった。たとえば，例 (1) では，主語である私に「に」が使われており，例 (2) では，「友だちに」とすべきところに，「が」が使われている。

　　(1)　（優しかった先生の話をしていて）
　　　　　よく，私に，<u>ほめられ</u>，<u>られる</u>，しられる（＝叱られる）の時はない。

（→よく私はほめられた。叱られたときはない。）

（中国語　中級前半　CCM53）

(2)　友達が，紹介されてもんで，〈んー〉えっとー，まあ，いいか，な感じ，です，はい。　　　　（自然習得　中級前半　JJN06）

（→友達に，紹介されて）

　ここまで述べてきたように，ある程度の使用数が観察されるようになるのは中級後半から上級前半以降であるが，ただし，ここから「早く教えても使えない」という結論を引き出すことは，第二言語習得研究の観点からは適当ではない。むしろ，教室指導の効果はすぐには現れず，効果が現れるには時間がかかる，つまり効果は遅れて現れるという指摘（Lightbown 1991; R. Ellis 1994; Gass 1997 等）に沿った結果だと言える。I-JAS コーパスの対話データは，自然発話に近い即時的な自発的発話であり，指導の効果がそう簡単にすぐに即時的・自発的なアウトプットに反映されるわけではない。Gass（1997）は，中間言語の再構築が起きたり，新しい言語形式が中間言語に統合されるためには，インプットのあとに，さらに多くのインプットに触れる必要があるとし，「潜伏期」（incubation period）を経て再構築が起きたり，使えるようになっていくとしている。つまり，教室指導のあとのインプットやインターアクションの中で習得が促進されるのであり，教室での指導があればすぐに使えるようになるわけではないのである。また，自然習得者のほうが早くから受動文を使っており使用数も多いことは，「教えても使えない」形式ではないことを示している。教室学習者は，「潜伏期」における受動文のインプットやアウトプットが自然習得者よりも少ないという可能性も考えられ，どのようにして「潜伏期」に受動文に触れさせるかを考えていく必要があるだろう。

4.2　直接受身・間接受身

　直接受身，間接受身に関しては，田中（1999a, b）により，直接受身，間接受身の順に習得されるという結果が出ている。本研究の I-JAS のデータでも，使われた受動文のほとんどが直接受身であり，田中を支持する結果となった。間接受身は，韓国語母語話者，英語母語話者は使用がなく，中国語

母語話者は 93 例中 7 例，自然習得者が 163 例中 1 例であった。KY コーパスでの受動文の使用を見た田中（1999b）でも，間接受身文の使用は非常に少なく，間接受身文が使われるべき文脈における非使用が指摘されている。上級・超級学習者においても非使用が見られているという田中の結果を考え合わせると，間接受身文はかなり習得が遅い言語形式だということが考えられる。

　本研究の学習者が使用した間接受身文で使われた動詞を見てみると，中国語母語話者では，「奪う」（3 例），「盗む」，「（電話を）かける」，「（背中を）押す」（2 例）が使われ，自然習得者が使用した間接受身は「（写真を）撮る」であった。中国語母語話者および自然習得者が使用した間接受身の例を（3）から（5）に挙げる。

　　（3）　例えば，あそ，遊んで，いた時にー〈うん〉うーん，うー，その時私はわからなかた（わからなかった）でもうー，私にーうー，あー，私，私がー背ー，背ーを，誰，誰がーもわからなかた（わからなかった）でも誰かに私を私の背を押し，押され，ました。
　　　　　　　　　　　　　　　　　　　　　　　（中国語　中級　CCM37）

　　（4）　私小学校のす，小学校の時，何（なん）とゆうかえっとーか，あー，おう家に家を帰る途中で金（かね）をうばれわれちゃこ，奪われたこともがあります。　　　（中国語　中級後半　CCM48）

　　（5）　写真も撮られ〈んー〉，あの本にも載ってあるんです。
　　　　　　　　　　　　　　　　　　　　　　（自然習得　中級　JJN51）

　例（5）は，自然習得の学習者の例であるが，学習者がテレビ局の取材を受けたことがあるという話をしていて，その際にテレビ局の人が写真を撮っていき，その写真が本に載っているということを伝えるときに使われた間接受身である。ここで「写真も撮られ」という間接受身を使ってしまうと，迷惑の意味が入ってしまうので，受動文にはしないほうがよかっただろう。自然習得の学習者は前述のように教室学習者である中国語・韓国語・英語母語話者よりも多くの受動文を使っていたが，間接受身はこの 1 例だけであることを考えると，教室学習がないと間接受身の使用は難しい可能性がある。

4.3　受動文の主語

　次に，どのような名詞を主語とする受動文を使っているかを分析した。学習者の使用した受動文を，主語が有生物のものと無生物のものに分け，有生物のものはさらに，自分自身，自分以外の他の有生物，不特定あるいは一般の有生物に分けた。母語ごとに使用割合を表3に示す。全体的にどの母語話者も，自分自身を主語とした受動文を多く使っていることがわかる。

　自分自身を主語とした受動文を多く使っているのは，対話コーパスが自分のことを話してもらうインタビューであることが影響していることも考えられるが，学習者にとっては自分自身に視点を置いて述べる受動文が使いやすい可能性が考えられる（例6，7）。自分以外の有生物を主語とした受動文，つまり他者に視点を置いた受動文はそれほど多くはないが，例（8）のように自分の家族や友人を主語にしたものや，例（9），（10）のように自分が見たドラマや映画について話してもらう話題の中で使われたものが見られた。不特定あるいは一般の人を主語にした受動文の使用は少なかった（例11，12）。

(6)　（じゃあ大学に入れた時は嬉しかったですか？）嬉しいです｛笑｝なんが一<u>解放されました</u>。　　　　　　　　（中国語　中級　CCM28）

(7)　えっとー子供の時ーえっとー，ちょ，あーふー太っていましたから〈うんうん〉えーと<u>いじめられー</u>ました。

　　　　　　　　　　　　　　　　　　　　　（英語　中級上　EAU20）

(8)　弟は結構やっぱりもっとやんちゃん（やんちゃ），でー〈あ男の子はねー〉結構やっぱり<u>叱られてた</u>。

　　　　　　　　　　　　　　　　　（自然習得者　上級前半　JJN13）

(9)　自分の子供が〈うん〉あの，自分のクラスの，あの，生徒にあの，さつ，<u>殺害されました</u>。　　　（中国語母語　上級前半　CCM03）

(10)　あともう一人の女の子上戸彩さんっていう方は〈うん〉なんか旦那さんとあまりうまくいっていなくて〈はい〉なんか女には<u>見られていない</u>みたいな感じがして。

　　　　　　　　　　　　　　　　　（自然習得者　中級後半　JJN05）

(11)　背が高い〈うん〉え女の子はセクシー〈うーん，うん〉と<u>言われています</u>。　　　　　　　　（英語母語　中級後半　EAU20）

表 3-1　受動文の主語
（韓国語母語話者）

	有生物			無生物
	自分	他	一般	
中級前半	-	-	-	-
中級	100%	0%	0%	0%
中級後半	41%	32%	9%	18%
上級前半	67%	5%	5%	24%
上級	61%	3%	5%	32%
NS相当	78%	11%	0%	11%
全体	61%	10%	5%	24%

表 3-2　受動文の主語
（中国語母語話者）

	有生物			無生物
	自分	他	一般	
中級前半	100%	0%	0%	0%
中級	58%	33%	0%	8%
中級後半	72%	6%	0%	22%
上級前半	62%	19%	0%	19%
上級	0%	0%	0%	100%
NS相当	100%	0%	0%	0%
全体	65%	16%	0%	19%

表 3-3　受動文の主語
（英語母語話者）

	有生物			無生物
	自分	他	一般	
中級前半	0%	50%	0%	50%
中級	90%	0%	0%	10%
中級後半	55%	10%	7%	28%
上級前半	43%	43%	0%	14%
上級	-	-	-	-
NS相当	-	-	-	-
全体	56%	16%	4%	24%

表 3-4　受動文の主語
（自然習得者）

	有生物			無生物
	自分	他	一般	
中級前半	83%	9%	0%	9%
中級	72%	16%	4%	8%
中級後半	82%	8%	2%	8%
上級前半	53%	12%	8%	27%
上級	-	-	-	-
NS相当	-	-	-	-
全体	72%	10%	4%	13%

　（12）　あのその試験を，あのろくじゅ，六十パーセント，あのーできな
　　　　　いと〈はい〉，おいらされる（追い出される），とゆう形で。

（自然習得　中級後半　JJN31）

　一方，無生物主語の受動文は，英語母語話者を除いて中級では少ない。中
級の英語母語話者が使用した無生物主語の受動文は，例（13）のようなもの
であった。この文脈では，「売られませんでした」という受動文を使うより
も，「売っていなかった」と表現したほうが適切であろう。この使用例を除
くと，無生物主語の受動文は，中級後半以降に使われていくと言える。ま
た，自然習得者の場合，無生物主語の受動文の割合がほかの教室習得の学習
者よりも全体的に少ない。無生物を主語とした受動文の使用には，教室での
指導があるかどうかが影響しやすい可能性がある。教室学習があると，日本
語で書かれたものを読む機会が多くなるため，無生物主語の受動文に触れる
ことが多いという可能性も考えられるだろう。ただし，自然習得者も，上級
前半になると無生物主語の受動文が増えているので（例14，15），教室指導
がないと使えるようにならないということではなく，自然習得環境では教室
環境よりも遅れて無生物主語の受動文が発達する可能性が考えられる。

　無生物主語の受動文で使われた動詞の形を見ると，どの母語でも，例
（16），（17），（18）のようにテイル系の活用形（ている・ていた・ています・
ていました・ていない・ていて等）と共起して使われている例が目立つ。テ
イル系の活用形の使われた受動文における無生物主語の占める割合は，韓国
語母語話者が69％，中国語母語話者が70％，英語母語話者が42％，自然習
得者が43％であった。「無生物主語＋（ら）れている」の形で状態的なこと
を表す受動文が使われやすいことが考えられる。

　（13）　たけやき（たこ焼き）はは，早く，売りましたから〈うん〉，あと
　　　　　私，あの私は，かい，かいて，買ってほしいんのと（ほしいの
　　　　　と），買ってほしい時に〈うん〉，あのたけやきは，売られました，
　　　　　う，売られませんでした。　　　　（英語母語　中級前半　EAU14）
　（14）　元々その『一リットルの涙』ってゆうのが，〈はい〉アニメから，
　　　　　来た話でー，〈はい〉でードラマってゆうか映画化されたんです
　　　　　ね。　　　　　　　　　　　　　　（自然習得　上級前半　JJN01）

(15)　日本語の教え方自体があんまりよく<u>知られていなくて</u>

　　　　　　　　　　　（自然習得　上級前半　JJN20）

(16)　韓国の伝統的な〈うんうんうん〉建物とかそうゆう，ものが〈う
　　　んうん〉，まあ<u>保存されてる</u>，所なんです。

　　　　　　　　　　　（韓国語母語　上級前半　KKD21）

(17)　ジンカンシャという所は，うー，すごく有名です，〈ふーん〉今
　　　は，それは，うー，観光地，として，よく<u>知られています</u>。

　　　　　　　　　　　（中国語母語　上級前半　CCM27）

(18)　〈アリゾナの料理や食べ物は〉そうですねあのメキシコ，メキシ
　　　コに<u>影響されていて</u>，メキシコ料理がたくさん，あります。

　　　　　　　　　　　（英語母語　中級後半　EUS33）

4.4　受動文の意味・機能

　使われた受動文の意味・機能を，主語が有生物の受動文は，「不利益を表
す受動文」（以下，「不利益」），「恩恵を表す受動文」（以下，「恩恵」），「視点
の選択に関わる受動文」（以下，「視点」），「能動主体の背景化による受動文」
（以下，「背景化」）に分け，主語が無生物の受動文は，「性質づけに関わる受
動文」（以下，「性質づけ」），「能動主体の背景化による受動文」（以下，「無生
物・背景化」）に分類した。「視点」「背景化」「性質づけ」の分類に関しては，
日本語記述文法研究会（2009）の分類を参考にした。例（19）から（24）に，
それぞれの分類の例を示す。

(19)　女の子はそういう言葉は使わないよって〈なるほど〉<u>叱られます</u>。

　　　　　　　　　　　（「不利益」　自然習得・中級後半　JJN05）

(20)　一緒に行く友達がいて〈うん〉，でその友達に，<u>助けられました</u>。

　　　　　　　　　　　（「恩恵」　中国語母語・上級前半　CCM22）

(21)　ここに来た時じゃあ交換し，交換留学生とかしましょうか〈う
　　　ん〉，と先生に<u>言われましたけど</u>。

　　　　　　　　　　　（「視点」　英語母語・中級　EAU18）

(22)　公務員の試験を〈うんうん〉，受けているんですけどー〈うんうん

うん〉その中で，選ばれる自信もないですし

（「背景化」　韓国語母語・上級　KKD07）

（23）　昔から，んー，あー，昔から残されてきた，家とか〈へー〉，が
　　　　あります。　　　　　（「性質づけ」　英語母語・中級後半　EUS33）

（24）　いろいろ，イベント，開催されてる

（「無生物・背景化」　自然習得・上級前半　JJN01）

　表4に，母語ごとの使用割合を示す。有生物主語の受動文に関しては，
まず，教室学習のある JFL 学習者と自然習得者の傾向が異なっているので，
分けて見てみる。韓国語・中国語・英語母語の JFL 学習者は，全体的に大
きく見ると，中級までは「不利益」が多く使われるが，習熟度が上がるにし
たがって「視点」と「背景化」が増えている。韓国語母語話者が中級で「視
点」が 100% になっているのは，1 例のみの使用で「言われる」という使用
である。英語母語話者の中級でも「言われる」が多いため，「視点」が多く
なっている。全体的にも早い段階で「視点」で使われた受動文には「言われ
る」を使ったものが多い。逆の言い方をすれば，「言われる」を使った受動
文を除いて考えると，「不利益」の受動文から使い始めるということが言え
そうである。これには，日本語教育で初級での受動文の指導の際に，有生物
主語の場合，「不利益」を伝える受動文を教えることが多いことが関わって
いると考えられる。

　ただし，学習者はいつまでも「不利益」の受動文ばかりを使うわけでは
なく，徐々に視点の選択や能動主体の背景化による受動文を使うようになる
ことがわかる。しかし一方で，学習者の中には，「不利益」の受動文ばかり
を使う学習者や，「視点」「背景化」がほとんどの学習者もおり，「こういう
ときに受動文を使う」ということに関し，偏りが見られた。

表 4-1　意味・機能の使用割合（韓国語母語話者）

	有生物主語				無生物主語	
	不利益	恩恵	視点	背景化	性質づけ	背景化
中級前半	-	-	-	-	-	-
中　　級	0%	0%	100%	0%	0%	0%
中級後半	50.0%	9.1%	4.5%	18.2%	9.1%	9.1%
上級前半	23.8%	4.8%	31.0%	16.7%	14.3%	9.5%
上　　級	35.1%	2.7%	8.1%	21.6%	8.1%	24.3%
NS 相当	22.1%	11.1%	33.3%	22.2%	0%	11.1%
全　　体	32.4%	5.4%	18.9%	18.9%	9.9%	14.4%

表 4-2　意味・機能の使用割合（中国語母語話者）

	有生物主語				無生物主語	
	不利益	恩恵	視点	背景化	性質づけ	背景化
中級前半	50.0%	50.0%	0%	0%	0%	0%
中　　級	41.7%	25.0%	25.0%	0%	0%	8.3%
中級後半	61.1%	0%	16.7%	0%	0%	22.2%
上級前半	40.8%	4.1%	20.4%	16.3%	4.1%	14.3%
上　　級	0%	0%	42.9%	14.3%	0%	42.9%
NS 相当	20.0%	0%	80.0%	0%	0%	0%
全　　体	40.9%	6.5%	24.7%	9.7%	2.2%	16.1%

表 4-3　意味・機能の使用割合（英語母語話者）

	有生物主語				無生物主語	
	不利益	恩恵	視点	背景化	性質づけ	背景化
中級前半	50.0%	0%	0%	0%	0%	50.0%
中　　級	16.7%	0%	66.7%	0%	16.7%	0%
中級後半	15.2%	3.0%	42.4%	15.2%	24.2%	0%
上級前半	42.9%	0%	0%	42.9%	0%	14.3%
上　　級	-	-	-	-	-	-
NS 相当	-	-	-	-	-	-
全　　体	22.0%	2.0%	36.0%	16.0%	18.0%	6.0%

表 4-4　意味・機能の使用割合（自然習得者）

	有生物主語				無生物主語	
	不利益	恩恵	視点	背景化	性質づけ	背景化
中級前半	8.7%	0%	65.2%	17.4%	8.7%	0%
中　　級	40.0%	4.0%	28.0%	20.0%	4.0%	4.0%
中級後半	28.8%	3.0%	45.5%	13.6%	6.1%	3.0%
上級前半	26.5%	0%	24.5%	22.4%	8.2%	18.4%
上　　級	-	-	-	-	-	-
NS 相当	-	-	-	-	-	-
全　　体	27.0%	1.8%	39.3%	17.8%	6.7%	7.4%

　一方，教室で指導を受けていない自然習得者は，「視点」の受動文を早くから高頻度で使っている。自然習得者の初期の「視点」の多くは，やはり「言われる」の使用であった。次節で詳しく見るが，自然習得者の早い段階での受動文には「言われる」を使ったものが非常に多い。したがって，自然習得環境での受動文の使用は，「言われる」を使った「視点の選択に関わる受動文」から始まると言えそうである。また一方で，レベルが上がると「言われる」以外にも，例（25）のような「視点」に関わる受動文が使われ，さらに例（26）のような「背景化」の受動文も使われている。

（25）　十歳の時にお姉さんがうーん違う州に〈うん〉引っ越したいて言ってまして〈うんうん〉そしたら私一緒に行きませんかってそ誘われたので〈うんうん〉一緒について行きました。

（「視点」　自然習得・上級前半　JJN17）

（26）　夫が東京支部に派遣されてー

（「背景化」　自然習得・上級前半　JJN59）

　無生物主語の受動文に関しては，英語母語話者以外では，「性質づけ」よりも「背景化」の受動文の使用のほうが多かった。「背景化」では，例（27）から（29）のような受動文が使われた。英語母語話者では，無生物主語の受動文自体が多くはないが，その多くが「性質づけ」で使われていた。特に，中級後半の英語母語話者で「性質づけ」が多いのは，例（30）から（32）のように，英語であれば過去分詞で表されるような使用が半数以上を占めてお

り，英語での過去分詞を使う表現と無生物主語の受動文を結びつけやすい可能性もある。

(27)　私は日本のゲームが好きだったのに〈ふーん〉韓国に発売されなくて〈ん，ん，ん，ん，ん〉，まほん，翻訳ができてないわけですね。　　　　　　　　　　　（韓国語母語　母語話者相当　KKD28）

(28)　でもそのー，あー，魚ーの，あ種類ーはーもう，あーないー，だからー〈うん〉そのー料理も作ーられーません。
　　　　　　　　　　　　　　　　　　（中国語母語　中級　　CCM37）

(29)　アニメーションの仕方とかー〈うん〉ええと，ええと色がどんなふうに使われているのか〈うん〉，そうゆうふうにええと，あの登場人物の気持ちがよくつたわれていて〈へー〉それが面白いと思います，はい。　　　　　　　（英語母語　上級前半　EUS14）

(30)　たくさんのアジアの言語で書かれたサインとかを見たり
　　　　　　　　　　　　　　　　　（英語母語・中級後半　EUS02）

(31)　もともとアメリカでプロデュースされた〈ええ〉番組なんですけれども。　　　　　　　　　　　　（英語母語・中級後半　EUS33）

(32)　山の中にき，きざ，き，刻むか，き，〈うん〉刻まれた？〈うん〉家，がー〈へー〉残る，のこ，残っています。
　　　　　　　　　　　　　　　　　（英語母語・中級後半　EUS33）

4.5　動詞の種類

　次に，学習者がどのような動詞を受動文に使っているかを見る。表 5 に，各母語の学習者が 2 回以上使った動詞と使用数を順に示す。田中（1999b，2001），森（2005）でも指摘されているとおり，どの母語話者も動詞「言う」が最も多く使われており，「言われる」を使った受動文が学習者にとって使いやすいと言えそうである。「言われる」が使われた受動文は，そのほとんどが「自分」を主語とした受動文で，誰かが自分に対して何かを言ったことを描写するために使われている（例 33，34）が，少数であるが無生物主語で「言われる」が使われた受動文も見られた（例 35）。

(33) 母に，えっとー私は，静かな，子供ー，と言われ，たけど〈ふーん〉，私は，そうー，思わない。　　（英語母語　中級　EAU23）

(34) 背中で〈うん〉よくおー，あー他の人に〈うん〉あんたはいったい，男のか，女の子かと，あ言われま言われました。

（中国語母語　中級後半　CCM13）

(35) うん，えっと，あの町は，白い町と，言われる

（自然習得　中級前半　JJN11）

表5　各母語話者が受動文で2回以上使った動詞

韓国語母語話者		中国語母語話者		英語母語話者		自然習得者	
言う	31	言う	16	言う	15	言う	62
怒る	5	叱る	9	いじめる	5	怒る	13
叱る	5	殴る	8	選ぶ	3	叱る	7
呼ぶ	5	奪う	3	売る	2	呼ぶ	7
書く	3	追う	3	影響する	2	聞く	5
殴る	3	行なう	3	聞く	2	叩く	4
いじめる	2	囲む	3	殺す	2	選ぶ	2
選ぶ	2	殺す	3			追い出す	2
からかう	2	吸う	3			教える	2
聞く	2	怒る	2			囲む	2
勧める	2	押す	2			管理する	2
頼む	2	解放する	2			禁止する	2
転校させる	2	上映する	2			紹介する	2
残す	2	好く	2			知る	2
比較する	2	育てる	2			頼む	2
復元する	2	建てる	2			注意する	2
保存する	2	頼む	2			作る	2
		褒める	2			派遣する	2
		呼ぶ	2			開く	2
						褒める	2
						見る	2
						やる	2

　「言われる」を使った受動文が多いという傾向は，前述のように，自然習得者では顕著である。自然習得者では，163 例中 62 例と，全使用の 38％が「言われる」を使った受動文であった。特に，中級前半の自然習得者では，4名が受動文を使っているが，使用された 23 例中「言われる」を使った受動文が 17 例を占めており，使用した受動文がすべて「言われる」である学習者もいる。教室学習者も「言われる」を多く使っているが，「言われる」が早い段階にここまで集中して使われる傾向は見られない。したがって，自然習得環境では「言われる」を使った受動文から使われる，ということが言えそうである。武田（2005）では，母語話者の自然発話でも「言われる」を使った受動文が高頻度で使われることが指摘されており，インプット頻度が高いことが影響していると考えられる。

　ただし，習得初期の段階での学習者は，誰かが自分に対して何かを言う状況で「言われる」を「かたまり」として使っている可能性が考えられる。たとえば，自然習得者の中級前半の学習者（JJN06）は，10 例受動文を使っており，そのうちの 6 例が「言われる」の受動文だが，そのうち 5 例は「っちゅわれる」という学習者独自の縮約形で使われており，さらにそのうちの 4 例は「っちゅわれて」というテ形の形で使われている（例 36，37）。例（37）では，フィリピンの有名な場所の話をしていて，マヨン山という山について話している際に，インタビュワーにマヨンという名前の意味を聞かれ，「みんな「珍しい」という意味だと言っている」ということを伝えるために受動文を使っているが，ここは自分に影響を与える発言でもないため，能動文を使ったほうがよかっただろう。

（36）　友達，から，えーと，日本人の方（かた）が，紹介，紹介，する，っ<u>ちゅわれて</u>ー　　　　　　　（自然習得　中級前半　JJN06）
（37）　（有名な山の名前の意味を説明する状況で）
　　　　みんなあのみそらしい（珍しい），っ<u>ちゅわれて</u>，〈うん〉で，私も行ったこと無いんですけれども。　　　　　　　（同上）

　同じく中級前半の自然習得者（JJN23）も，7 例中 6 例が「言われる」を使った受動文であったが，次の例（38）のような使用も，「言われる」という受動文を使うより「言っていた」という形式のほうが適切であろう。こ

の例は，この学習者が滞在していた広島に妹が来て，「暑い」「寒い」「楽しかった」と言っていたという状況を伝えている発話である。このような例からは，自然習得の学習者は，受動文が使われる文脈であるかを考えて「言われる」の受動文を使っているというよりは，誰かが自分に向けて何かを言った状況において「言われる」を「かたまり」のように使っていることが考えられる。

(38)　来た時な，は，ちがつなんだか〈はい〉，暑いで〈うん〉，<u>言われて</u>，は，初めてでも，かえた時は十二月ぐらいなればもう寒い〈あー寒かったですね〉のーえ？寒い，寒いって<u>言われて</u>〈へー〉，ね楽しかったって<u>ゆわれた</u>。　（自然習得者　中級前半　JJN23）

　「言う」のほかに，ある程度多く使われた動詞は，「叱る」「怒る」であった。「叱る」「怒る」に関しては，対話のインタビューでの「子どもの頃はどんな子どもだったか」という質問と，「これまで怖かった経験があるか」という質問に対する答えの中で使われたものが多かったため（例39，40），このコーパスでこれらの受動文が使われやすかった可能性もある。「叱る」「怒る」以外では，「呼ぶ」も比較的多く使われていた（例41，42）。

(39)　小学校のする時も，何と言うか，あーくる，クラスを壊して〈うん〉そして先生に<u>叱られて</u>ー　（中国語母語　中級後半　CCM48）

(40)　高校時代に〈うん〉その，僕勉強ちょっとほったらかしちゃってー，〈うんうん〉そのー，父にすごく<u>怒られたんです</u>。

（韓国語母語　上級　KKD33）

(41)　サンタさんは，ロシアのサンタさんじゃなくてー〈はい〉あー，寒さのおじいさんと〈うん〉<u>呼ばれます</u>。

（自然習得　中級　JJN39）

(42)　コリアンアメリカンの〈はい〉作家の〈はい〉んーイチャンレ（韓国人作家の名前）と<u>呼ばれる</u>，んー作家の，んー『ネイティブスピーカー』という本読んで　（韓国語母語　中級後半　KKD20）

　また，受動文を使用し始めた段階から中級までを見ると，無生物主語の場合を除き，「言う」以外では直接的な働きかけがある動詞を使った受動文が使いやすいようである（例43，44）。中級後半以降になると，例（45），（46）

のような働きかけが強くない動詞の受動文も見られるようになっていく。

(43)　色んな所から〈はい〉インドネシアとかマレーシアから〈はい〉，
　　　あのジェネラルサントス（地名）で〈はい〉，ポニーで，あの会社
　　　で，あの頼んだ，たのまま，まれました。

　　　　　　　　　　　　　　　　　　（自然習得者　中級前半　JJN23）

(44)　私のー数学の先生はーいつもー〈うん〉，あー私にー〈うん〉あー，
　　　だまさる（だまされる）のことがー，あー〈うん〉思い，あー思い
　　　ました。　　　　　　　　　　　　（英語母語　中級前半　EUS47）

(45)　主人公が，ええと，あのーその，なんかちょっと，お嬢さんのえ
　　　えと，んー高校に入って，ええとそのーええとその中に，ええと
　　　ソロリティとゆうクラブがあって，〈うん〉それがまあとてもー
　　　なんか，じょひん（上品）で賢いお姉さんがみんな入っています
　　　ので〈うーん〉ええとその結構普通な女の子のええとー，あー主
　　　人公が選ばれて，　　　　　　　　（英語母語　中級後半　EUS14）

(46)　僕も子供の頃からずっと海，海でそられたれた，育てられたとゆ
　　　う，ってゆってもおかしくないぐらい。

　　　　　　　　　　　　　　　　　　（自然習得者　上級前半　JJN20）

　このように，「言われる」「叱られる」「怒られる」「呼ばれる」を使った受
動文が比較的使われやすいこと，直接的な働きかけが強い受動文が使われ
やすいことが言えそうであるが，そのほかには，多くの学習者が共通して
使った動詞は見られなかった。表 5 に示した複数回使われた動詞は，同じ
学習者が複数回使ったものが多い。全体的に，中級後半までは受動文を複数
回使っている学習者の中には，同じ動詞の受動文を複数回使っている学習
者が多い。たとえば，中級後半の中国語母語話者 CCM48 は，受動文を合計
7 例使っているが，使われた動詞は，「奪う」（3 例），「叱る」（2 例），「呼ぶ」
「殴る」の 4 種類である。ここから，受動文が使われ始める段階では，学習
者はそれぞれ受動文として自分の使いやすい「アイテム」を持っていて，そ
れを使用していることが考えられる。

4.6　動詞の形

　最後に受動文の動詞がどのような形態で使われたかを見る。学習者の使用した受動文の動詞の形態を，「ます・ました」「る」「た」「ています・ていました」「ている・ていた」「てしまう・ちゃう」「て」および「その他」（「たら」「たり」など）に分けた。母語別の結果を表6に示す。全体的に，まずは文末での言い切りの形で使われ（例47，48），その後「ています」「ていました」などのテイル系の活用形が使われるようになる（例49）。前述のように，テイル系の活用形は無生物主語の受動文で多く使われていた。また，自然習得者以外は，中級あるいは中級後半から「～られて」という「て」の使用が増え，「その他」を含めると，文末以外の位置での受身形の使用が増えてくる（例50，51）。

表 6-1　動詞の形の使用割合（韓国語母語話者）

	ます・ました	る	た	ています ていました	ている ていた	てしまう ちゃう	て	その他
中級前半	-	-	-	-	-	-	-	-
中　　級	100%	0%	0%	0%	0%	0%	0%	0%
中級後半	0%	22.7%	9.1%	4.5%	9.1%		50.0%	4.5%
上級前半	9.8%	7.3%	17.1%	2.5%	4.9%	4.9%	39.0%	14.6%
上　　級	7.9%	7.9%	36.8%	0%	7.9%	0%	23.7%	15.8%
NS 相当	37.5%	0%	37.5%	0%	0%	0%	0%	25.0%
全　　体	10.0%	10.0%	23.6%	1.8%	6.4%	1.8%	32.7%	13.6%

表 6-2　動詞の形の使用割合（中国語母語話者）

	ます・ました	る	た	ています ていました	ている ていた	てしまう ちゃう	て	その他
中級前半	0%	100%	0%	0%	0%	0%	0%	0%
中　　級	40.0%	0%	50.0%	10.0%	0%	0%	0%	0%
中級後半	50.0%	5.6%	22.2%	0%	0%	0%	16.7%	5.6%
上級前半	31.9%	14.9%	8.5%	6.4%	0%	2.1%	21.3%	14.9%
上　　級	33.3%	0%	0%	16.7%	0%	0%	33.3%	16.7%
NS 相当	0%	0%	0%	20.0%	0%	0%	60.0%	20.0%
全　　体	34.1%	11.4%	14.8%	6.8%	0%	1.1%	20.5%	11.4%

表6-3　動詞の形の使用割合（英語母語話者）

	ます・ました	る	た	ています・ていました	ている・ていた	てしまう・ちゃう	て	その他
中級前半	33.3%	33.3%	33.3%	0%	0%	0%	0%	0%
中　　級	20.0%	0%	40.0%	0%	0%	0%	20.0%	20.0%
中級後半	20.0%	3.3%	16.7%	16.7%	10.0%	0%	20.0%	13.3%
上級前半	0%	0%	42.9%	0%	14.3%	0%	28.6%	14.3%
上　　級	-	-	-	-	-	-	-	-
NS 相当	-	-	-	-	-	-	-	-
全　　体	17.8%	4.4%	24.4%	11.1%	8.8%	0%	20.0%	13.3%

表6-4　動詞の形の使用割合（自然習得者）

	ます・ました	る	た	ています・ていました	ている・ていた	てしまう・ちゃう	て	その他
中級前半	4.8%	19.0%	14.3%	0%	0%	0%	61.9%	0%
中　　級	12.5%	29.2%	8.3%	0%	8.4%	8.3%	16.7%	16.7%
中級後半	16.7%	24.2%	16.7%	0%	9.1%	0%	22.7%	10.6%
上級前半	8.5%	4.3%	27.7%	0%	12.8%	0%	40.4%	6.4%
上　　級	-	-	-	-	-	-	-	-
NS 相当	-	-	-	-	-	-	-	-
全　　体	12.1%	18.4%	18.4%	0%	8.9%	1.3%	32.3%	8.9%

(47)　でもその一，あー，魚ーの，あ種類ーはーもう，あーないー，だ
　　　からー〈うん〉そのー料理も作ーられーません。
　　　　　　　　　　　　　　　　　　　（中国語母語　中級　CCM37）

(48)　高校時代の間に〈うん〉いつもその先生あーからあの教えられま
　　　した。　　　　　　　　　　　　　（英語母語　中級　EAU32）

(49)　もらう金，お金はーまあ決まって，きま決められているので
　　　　　　　　　　　　　　　　　　（韓国語母語　中級後半　KKD46）

(50)　私の両親は〈うん〉あのとても真面目だから〈うーん，うん〉あの
　　　二年生でも勉強しなくちゃ，あしなければならないと言われて
　　　〈ええー〉あの私も真面目に〈うん〉あ真面目にあ勉強していまし

た。　　　　　　　　　　　　　　　　　　　（英語母語　中級　EAU32）
(51)　それが，日本の，しゃ，じゃっし（雑誌）とかに，<u>紹介されて</u>，
　　　有名になったそうですね。　　　（韓国語母語　上級前半　KKD12）
　一方で，自然習得者は，受動文の使用が見られる初期の段階から「て」が
高頻度で使われており，中級前半での「て」の使用は61.9%に上っている。
特に「言われて」という形での使用が多い（例52，53）。前述のように自然
習得者の中級前半では，受動文23例中17例が「言われる」であるが，そ
の17例の「言われる」のうち11例が「言われて」の形で，64%を占めて
いる。例（52）のように，文の途中で使われたもの以外に，例（53）のよう
に文末で使われたものも見られた。自然習得の初期の段階では，「言われて」
という形がかたまりで使われている可能性が考えられる。前田（2011）では，
話し言葉では受動文は「て」の形で高頻度で使われることが指摘されてお
り，自然習得の学習者には「〜（ら）れて」の形でのインプットが多いこと
が反映されているのだろう。自然習得の学習者は「言われて」という受身形
から自然なテ形接続の受動文を発達させていることが考えられる。
(52)　でも，あの，いつも聞いてるんですよ，「辛く（からく）ないで
　　　すかー？」って<u>言われて</u>　　　（自然習得者　中級前半　JJN23）
(53)　すじん（主人）からー，ねえ，例えば，ご飯？作るのは，コップ
　　　は，例えばこのコップは，二回だったら，二杯，か，〈うんうん
　　　うん〉で，そのー，あのも，こみす（水）の，あのも，二，二杯っ
　　　<u>ちゅわれて</u>（＝言われて），でまだ駄目，
　　　　　　　　　　　　　　　　　　　（自然習得者　中級前半　JJN06）

4.7　調査結果のまとめ

　以上の結果は，以下のようにまとめられる。
① 中級前半から中級にかけて受動文を使用し始めているが，ほとんどの学
　習者が使うようになるのは上級前半になってからである。一方で，自然
　習得者は早くから比較的多く受動文を使っており，インプットが豊富な
　環境であれば，教室学習がなくても受動文が使われるようになることが
　示された。

② 使われた受動文はほとんどが直接受身であり，間接受身の使用は非常に少なかった。

③ 自分自身を主語とする受動文が使われやすい。無生物主語の受動文は，自然習得者の使用が比較的少なく，教室学習の有無が影響しやすい可能性が考えられる。

④ 早い段階では「不利益」を表す受動文が使われやすいが，徐々に「視点」「背景化」の受動文も使うようになる。また学習者によって，使用に偏りが見られた。

⑤ どの母語話者も「言われる」を使った受動文が多く，特に自然習得者の初期の段階ではその傾向が顕著であり，自然習得環境の受動文は「言われる」から使われると言えそうである。ただし，自然習得者の初期の「言われる」は，かたまりでの使用が多いと考えられる。そのほかには「叱られる」「怒られる」「呼ばれる」を除いては，個々の学習者によって使われる動詞が異なっていた。

⑥ 初期の段階では文末で言い切る受動文が使われやすいが，徐々に文末以外の位置に受動態の動詞を置くようになり，「（ら）れて」という形が使われるようになる。自然習得者は，初期の段階から「（ら）れて」の使用が多い。

5. まとめ

　以上のように，日本語学習者の使用する受動文は，初期の段階では，自分を主語にしたもので不利益を表すものが使われやすいが，徐々に自分以外の有生物を主語にした受身や無生物主語の受身に広がり，視点の取り方や背景化に関わる受動文も使われるようになることがわかった。また，「言われる」を使った受動文，次いで「叱られる」「怒られる」「呼ばれる」を使った受動文が多いが，それ以外では，共通して使われる動詞は見られず，学習者ごとに同じ動詞を複数回使ったりするなど偏りがあった。

　本研究で得られた結果は，用法基盤モデルから説明できる結果であると考えられる。用法基盤モデルに基づいた言語習得理論では，「まず規則が習得され，学習者はそれに基づいて使っていく」のではなく，個々の記憶された

アイテムを使用しながら，ボトムアップ的にルールが構築されていくとされる（N. Ellis 2003 等）。受動文に関しても，学習者は「いつ受動文を使うのかをまず習得し，その規則に沿って使っていく」のではなく，個々の学習者がアイテム・ベースで「自分の使える受動文」を使いながら，そのアイテムが増えていくことで言語体系が作られていくのではないだろうか。

　したがって，教室指導では，「習得が促進されるためには，どのようなアイテムに触れ使っていく必要があるか」を考えることが重要であろう。Bybee（2008），Goldberg and Casenhiser（2008）は，初めは類似したタイプの用例（exemplars）に高頻度で触れさせ，後に様々なタイプの用例に広げていくことが効果的だろうという提案をしている。そうであれば受身の指導に関しても学習の初期は，インプット頻度が高く使用する機会も多く使いやすいアイテムを中心にし，時期を遅らせて様々なタイプに広げるという指導方法が提案できる。自然習得環境で早くから使われ，インプット頻度も高い「言われる」に関しては，日本語の初級教科書ではあまり扱われていないことが報告されている（武田 2005）が，このような使いやすいアイテムは早くに触れさせていってよいのではないだろうか。自然習得環境の学習者が比較的早くから受動文を使っていることを考えると，豊富なインプットと使用機会があれば受動文は決して「教えても使えない」形式ではないことがわかる。このような観点からも，初期にどのような受動文に高頻度で触れさせたらいいかを考えていく必要があるだろう。

参照文献

Bybee, Joan（2008）Usage-based grammar and second language acquisition. In: Peter Robinson and Nick C. Ellis（eds.）*Handbook of cognitive linguistics and second language acquisition*, 216–236. London: Routledge.

Ellis, Nick（2003）Construction, chunking and connectionism: The emergence of second language structure. In: Catherine J. Doughty and Michael H. Long（eds.）*The handbook of second language acquisition*, 63–103. Malden, MA: Blackwell.

Ellis, Rod（1994）*The study of second language acquisition*. Oxford: Oxford University Press.

Gass, Susan（1997）*Input, interaction, and the second language learner*. Mahwah, NJ: Erlbaum.

Goldberg, Adele and Casenhiser, Devin（2008）Construction learning and second language acquisition. In: Peter Robinson and Nick C. Ellis（eds.）*Handbook of cognitive linguistics and second language acquisition*, 197–215. London: Routledge.

今井新悟（2015）「J-CAT（Japanese Computerized Adaptive Test）」李在鎬（編）『日本語教育のための言語テストガイドブック』: 67–85. 東京：くろしお出版.

鎌田修（1999）「KY コーパスと第二言語としての日本語の習得研究」平成 8–10 年度文部省科学研究費補助金基盤研究（A）(1)『第二言語としての日本語習得に関する総合研究』研究成果報告書 : 335–350.

Kawaguchi, Satomi（2005）Processability Theory and Japanese as a second language『第二言語としての日本語の習得研究』8: 83–114.

前田直子（2011）「日本語教育のための複文研究――受身・使役・「ている」と複文――」NINJAL 共同研究発表会「複文構文の意味の研究」国立国語研究所.

森千枝見（2005）「日本語の第二言語習得研究における縦断的研究の意義――学習者の受身使用の分析から――」『広島大学大学院教育学研究科紀要』第二部 54: 189–195.

日本語記述文法研究会（編）（2009）『現代日本語文法 2』東京：くろしお出版.

サウェットアイヤラム・テーウィット（2009）「受身文の談話機能の習得――タイ人日本語学習者を対象に――」『第二言語としての日本語の習得研究』12: 107–126.

武田知子（2005）「自然な流れの発話をどう教えるか――母語話者の自然会話における受身使用からのヒント――」南雅彦（編）『言語学と日本語教育 IV』: 49–60. 東京：くろしお出版.

田中真理（1999a）「第二言語習得における日本語ヴォイスの習得順序」平成 8～9 年度文部省科学研究費補助金基盤研究（C）(2)『視点・ヴォイスに関する習得研究――学習環境と contextual variability を中心に――』研究成果報告書 : 75–94.

田中真理（1999b）「Oral Proficiency Interview における日本語ヴォイスの習得順序――文作成テストとの比較――」平成 8～9 年度文部省科学研究費補助金基盤研究（C）(2)『視点・ヴォイスに関する習得研究――学習環境と contextual variability を中心に――』研究成果報告書 : 115–158.

田中真理（2001）「日本語の視点・ヴォイスに関する習得研究：英語，韓国語，中国語，インドネシア語・マレー語話者の場合」博士論文, 国際基督教大学.

田中真理（2010）「第二言語としての日本語の受身文の習得研究――今後の研究の可能性――」『第二言語としての日本語の習得研究』13: 114–146.

第5章

受動文の視座

定延利之

1. はじめに

　本稿は，現代日本語共通語の能動文「X が Y を V する」[1]との対比を通して，これと対応する受動文「Y が X に V される」[2]の意味を論じるものである。（以下，この形式の受動文を慣例にしたがい「ニ受動文」と呼ぶ。）　次の第2節では，ニ受動文の意味考察に視点概念を導入する必要性を示し，第3節では考察の範囲を確定する。第4節で，着点視座の表現が少数ながら存在することを見た上で，第5節では，（能動文と比べての程度問題ではあるが）ニ受動文もそれらの着点視座表現と似て，「力の着点（受け手）」を視座に持ちやすいことを示す。最後の第6節はまとめである。

2. 視点概念を導入する必要性

　ニ受動文の意味分析に視点概念を導入する必要があると筆者が考えるのは，先行研究の中に，ニ受動文のふるまいをうまく説明できる面を持ちながら，漠然性を排除しきれていないものがあり，その漠然性を排除する上で視点概念が有効と思えるからである。

　具体的に，よく知られた黒田（2005）の意味分析（1）を取り上げてみよう。

1　X・Yは適当な名詞句とする。また，「V する」とは動詞述語能動態を指すものとする。

2　「V される」とは動詞述語受動態を指すものとする。

(1)　　ニ受身文は，受身文の主語が指示する主体が，要素能動文の表す
　　　　事態によって作用を受けるという意を含意するというのである。

［黒田 2005: 146］

筆者のことばで言えば，意味分析（1）は，ニ受動文の意味を「主語名詞句の
指示物がデキゴトによって影響を被ること」と述べている。（ここでは（1）
中の「含意する」という語の多義性には立ち入らず，単純に「意味する」と
考えておく。）

　この（1）は，ニ受動文が，「生み出す」「建てる」のような作成動詞（作成
を意味する動詞）と合わないことを，うまく説明してくれる。作成動詞を述
語とする例として，次の（2）（3）を挙げる。

(2)　a.　あの博士が新たなウィルスを生み出した。

　　　b.　?新たなウィルスがあの博士に生み出された。

　　　c.　新たなウィルスがあの博士によって生み出された。

(3)　a.　大統領が建国者の銅像を建てた。

　　　b.　?建国者の銅像が大統領に建てられた。

　　　c.　建国者の銅像が大統領によって建てられた。

例（2）（3）にはそれぞれ，意味上似通った能動文（a），ニ受動文（b），ニヨッ
テ受動文（c）が配列されている。これらのうち，ニ受動文（b）は，能動文
（a）やニヨッテ受動文（c）と比べて自然さが低い。（文（b）の頭にある疑問
符「?」はこれを示している。以下も同様。）このことは，「主語名詞句の指
示物がデキゴトによって影響を被る」という（1）の考えを認めれば，うま
く説明することができる。それは具体的に言えば，「影響を被るはずの主語
名詞句指示物（例（2）なら新たなウィルス・例（3）なら建国者の銅像）が，
デキゴト（作成）の最中には存在せず，デキゴトが完成した段階で初めて出
現する」という作成動詞特有の事情は，「主語名詞句の指示物がデキゴトに
よって影響を被る」というニ受動文の意味と合わない，という説明である。

　だが，（1）の意味分析は漠然性を排除しきった明確なものと言うこともで
きない。仮に，目的語（「Y」）を持つ能動文「X が Y を V する」について，
（1）と対称的な意味分析（4）を想定してみたらどうだろうか。

(4)　　　目的語を持つ能動文は，能動文の主語が指示する主体が，目的語

　　　　　　が指示する対象に対して，要素能動文の表す事態によって作用を
　　　　　　与えるという意味を持つ。
この意味分析 (4) は正しく，「X が Y を V する」と「Y が X に V される」
の意味は対称的なのだろうか？　仮にそうだとすると，両者の対称的な意味
の違いは，結局，何の違いなのだろうか？　あるいは，この意味分析 (4) は
間違っているのだろうか？　その場合 (4) は，「X が Y を V する」の意味を
どのように説明でき，ニ受動文と能動文の意味は，どのように非対称なの
だろうか？——これらの疑問に対する答は，明らかではない。少なくとも，
誰にとっても明らかな形で示されてはいない。意味分析 (1) が「漠然性を排
除しきった明確なもの」になり得ていないと言うのは，このためである。

　　意味分析 (1) の漠然性を排除する上で，何よりも注目すべきなのは，「な
ぞり」の部分だろう。意味分析 (1) は，ニ受動文「Y が X に V される」の
意味について，対象であるはずのニ受動文「Y が X に V される」の冒頭部
「Y が」をそのままなぞり，意味分析を放棄した形で，「受身文の主語が指示
する主体が」つまり「Y が」と述べている。意味分析 (1) は，少なくともこ
の部分において，実質的な意味分析になっていない。この点は，「X が Y を
V する」の意味分析を，「能動文の主語が指示する主体が」つまり「X が」
と始めている意味分析 (4) も同様である。能動文とニ受動文の意味に関する
対称的な把握の当否，そしてニ受動文の意味的特徴を明確にするため，本稿
では「なぞり」の解消をはかる。

　　そのために本稿では，視点概念を導入したい。ヴォイスに視点が関わるこ
とは広く認められており，能動文「X が〜」とニ受動文「Y が〜」の意味の
違いについても，視点概念の導入が有益な結果をもたらすと考えられるから
である。（先行研究との異同は後で触れる。）

　　なお，以降で，筆者独自の観察を示す箇所については，観察の客観性を
多少なりとも高めるため，web アンケートの調査結果を添える。この調査は
2020 年 10 月〜 2021 年 1 月に，2 回にわたり実施したもので，調査対象者
は 2 度とも，日本語を母語とする話者である[3]。彼らは，与えられた文につい

3　調査の詳細をここに記す。第 1 回の調査対象者 128 名。性別は男性 41 名，女性 85 名，
無回答 2 名。年齢は 10 代 7 名，20 代 24 名，30 代 23 名，40 代 40 名，50 代 13 名，60 代

て，「自然さ」（一部の設問では「正しさ」）を 5 段階で評価し回答するよう
指示されている。最低点である 1 点は，「最も不自然」を，最高点である 5
点は「最も自然」を意味している。但し，「正しさ」を問うている設問では，
1 点は「正しくない（そう言うことはできない）」を，5 点は「正しい（そう
言ってもおかしくない）」）を意味している。

3. 考察範囲の限定

　あらかじめ考察の範囲を，以下 3 点にわたって限定しておく。
　第 1 点。デキゴトをデキゴト自体としてではなく，モノの属性として語
る文は，本稿では考察から除外する。除外される例として (5) を挙げる。
　　　(5)　　この雑誌は 10 代の若者によく読まれている。　　［益岡 1987: 189]
例 (5) では，ニ受動文が，ある雑誌の属性表現として現れている。このよ
うな属性表現は，益岡 (1987) ではデキゴトの表現と（連続的とされながら
も）対置され，例 (5) などは「属性叙述」の表現，デキゴトの表現は「事象
叙述」の表現と呼ばれている。本稿では，デキゴトがモノの属性として表現
される場合にまで立ち入る余裕が無いため，専ら事象叙述の文だけを扱う。
　第 2 点。ニ受動文として周辺的なものは，考察から除外する。除外され
る例として (6) を挙げておく。
　　　(6)　　藍藻類が誕生して酸素を放出し続け，ようやく地球はオゾン層に
　　　　　　包まれた。
例 (6) の後半部における名詞句「オゾン層」のニ格が自然なのは，純粋に受
動文のニ格として自然なのかどうか，はっきりしない。というのは，たとえ
ば「東京ディズニーランドは千葉にある」では東京ディズニーランドが千葉
の中にあると表されているように，ニ格には場所表示の意味もあり，そして

---

8 名，70 代以上 10 名，無回答 3 名。出身地域は調べていない。第 2 回の調査は，第 1 回の
調査を補うために実施されたもので，調査対象者は一部重なっているが，設問は異なってい
る。調査対象者は 111 名で，男性は 36 名，女性は 73 名，無回答 2 名。年齢分布は，10
代 7 名，20 代 24 名，30 代 19 名，40 代 36 名，50 代 11 名，60 代 6 名，70 代以上 8 名と
なっている。但し，性別や年齢に関して大きな差は確認できなかったので以下では一括し
て述べる。

(6) の後半では，結果として地球がオゾン層の中になることが述べられているからである。この点で (6) は，ニ受動文としては周辺的なものと言わざるを得ない (Toet 2020)。このようなものは以下では取り上げない。

　第 3 点。複文や重文におけるニ受動文（より厳密にはニ受動節）も，次節以降では考察しない。考察から除外される例として (7a) を挙げておく。

　　(7)　a.　彼は私に殴られて，かえって得をした。

　　　　 b.　?彼が私に殴られた。

例 (7) のうち，(a) は自然だが，(a) の前半部であるニ受動節だけを取り出した形の (b) は，自然さに欠ける。このように，ニ受動節の自然さ・不自然さは出現環境に影響される。そしてその影響は，「視点の統一」という考えだけでは説明しきれない。例 (7) の場合は，「本来は (b) のように不自然なニ受動文が，(a) では，後半の節「かえって得をした」と同じ視点（「彼」と表現されている話題の男性の視点）になっており，視点の統一がとれているので，自然さが高い」といった，「視点の統一」による説明が成り立ちそうにも見えるが，「視点の統一」は唯一絶対の原理というわけではない。以下そのことを 2 点に分けて示す。

　その 1。単文を超える文の中には，自然でありながら，視点が統一されていないものもある。例として，「なら」節の複文 (8) を挙げる。（アンケート調査第 2 回の分布を角括弧 [　] 内に付記する。）

　　(8)　a.　その子にプレゼントをもらったのなら君は絶対好かれてるよ。

　　　　　　　[1 点 12 名，2 点 22 名，3 点 14 名，4 点 34 名，5 点 29 名]

　　　　 b.　その子がプレゼントをくれたのなら君は絶対好かれてるよ。

　　　　　　　[1 点 3 名，2 点 13 名，3 点 14 名，4 点 36 名，5 点 45 名]

この例の (a) は，聞き手視点で統一されている。それに対して (b) は，前半部が「その子」と言われる話題の人物の視点，後半部が聞き手の視点で，視点が統一されていない。だがそれにもかかわらず，調査結果は「(a) よりも (b) が統計学的に有意に自然」というものであった[4]。

4　例 (8a) は平均値 3.41，分散 1.83，標準偏差 1.35，中央値 4，例 (8b) は平均値 3.96，分散 1.25，標準偏差 1.12，中央値 4 である（数値の小数点 3 位以下は四捨五入。以下も同様）。サインランク検定（ウィルコクソンの符号順位検定，両側検定）によれば，両者の差は有意である ($p < .01$)。

　その 2。視点が不統一で文が不自然な場合でも，その不自然さは，両視点の表現を時間的に少し離すだけで，ある程度解消されることがある。例 (9) を見られたい。（アンケート調査第 1 回の結果を［　　］内に付記する。）

　(9) a.　　田中さんに何度も言われて私は気づきました。ドアが閉まっていませんでした。

　　　　　　　　［1 点 10 名，2 点 11 名，3 点 11 名，4 点 27 名，5 点 69 名］

　　 b.　?田中さんが何度も言って私は気づきました。ドアが閉まっていませんでした。

　　　　　　　　［1 点 43 名，2 点 38 名，3 点 26 名，4 点 16 名，5 点 5 名］

　　 c.　　田中さんが何度も言って，それで私はやっと気づきました。ドアが閉まっていませんでした。

　　　　　　　　［1 点 26 名，2 点 30 名，3 点 19 名，4 点 25 名，5 点 28 名］

まず (a) と (b) について言えば，アンケート調査の結果は「(a) は (b) よりも統計学的に有意に自然」というものであった[5]。このことは視点の統一という考えと調和する。というのは，(a) は話し手視点で統一されているが，(b) は前半部が田中氏視点，後半部が話し手視点という具合に，視点が不統一だからである。だが，(b) の不自然さはさほど強固なものではない。というのは，前半部と後半部の間にポーズと短い語句「それで」「やっと」を入れるだけでも ((c))，視点の不統一の不自然さは軽減するからである。調査結果は，(c) が「(a) よりも有意に不自然」ではあるものの「(b) よりは有意に自然」となっている[6]。

　次の例 (10) も同様である。（調査第 1 回の結果を付記する。）

　(10) a.　　友達が僕のラブレターを見て笑ったよ。

　　　　　　　　［1 点 3 名，2 点 3 名，3 点 2 名，4 点 24 名，5 点 96 名］

5　例 (9a) は平均値 4.05，分散 1.69，標準偏差 1.30，中央値 5，例 (9b) は平均値 2.23，分散 1.35，標準偏差 1.16，中央値 2 である。フリードマン検定（ボンフェローニ補正）によれば，両者の差は有意である（$p < .01$）。

6　例 (9c) の平均値は 3.00，分散は 2.13，標準偏差は 1.46，中央値は 3 である。フリードマン検定（ボンフェローニ補正）によれば，例 (9a)・例 (9b) との差はともに有意である（$p < .01$）。

　　b.　??友達が僕のラブレターを見て笑われたよ。

　　　　　　　［1 点 91 名，2 点 22 名，3 点 8 名，4 点 3 名，5 点 4 名］

　　c.　?友達が僕のラブレターを見てねぇ，笑われたよ。

　　　　　　　［1 点 61 名，2 点 24 名，3 点 18 名，4 点 15 名，5 点 10 名］

友人視点で統一されている (a) は自然と判断されやすいが，前半部が友人視点，後半部が話し手視点になっている (b) は不自然と判断されやすい。しかし，その (b) の不自然さは，終助詞「ねぇ」とポーズを入れれば ((c))，軽減する。調査結果では，これらの差は統計学的に有意であった[7]。

　以上のように，視点の統一は絶対的なものではない。自然さを損なわずに視点を話し手や話題の主に推移していくこともあり，また，そこには前半部と後半部の「時間的距離」も関わっている（したがって発話や解釈の流暢性〜非流暢性の問題とも無縁ではない）。これらは別の考察を要するものとしてこれ以上扱わず，以下では，単文内のニ受動文に限って取り上げることにする。

　次の例 (11) の第 2 文は，表面的には単文だが，実質的には (10) の後半部とさほど違わない。このようなものも，「真性モダリティを持たない文」（野田 1989）として，考察対象から除いておく。

　　(11)　友達が僕のラブレターを見る。笑われる。これから起こることは
　　　　　そんなところだろう。

以上 3 点で限定されたニ受動文を，以下では簡単に「ニ受動文」と呼ぶ。

4.　視座と注視点

　ひとくちに「視点」と言われるものの中に注視点と視座が混在しており，両者の区別が重要であることも，近年では常識となっている。本稿では先行研究（例：松木 1992）にならって，視点（viewpoint）という概念に含まれる，「視座」（vantage point）と「注視点」（gaze point）を区別する。

7　例 (10a) は平均値 4.62，分散 0.69，標準偏差 0.83，中央値 5，例 (10b) は平均値 1.49，分散 0.90，標準偏差 0.95，中央値 1，例 (10c) は平均値 2.95，分散 2.02，標準偏差 1.42，中央値 3 である。フリードマン検定（ボンフェローニ補正）によれば，(10a) と (10c) の差，(10c) と (10b) の差はともに有意である（$p < .01$）。

　先行研究では，視座を「話し手がどこから事態を見るのか？」という問いの答，注視点を「話し手が事態の何に注意を向けるのか？」という問いの答とされることが多いようだが，本稿では，事態を語ることと，事態を見ることを，そこまでは同一視しない。たとえば (12) のように，荒れた息子・一郎を注視点として叫ぶ話し手が，実際には，一郎よりもむしろ，次々と割られていく高級ワインのボトルを注視している場合もあり得ると思われるからである。

　　(12)　大変！　一郎がパパのボトル割ってる！

本稿では，視座とは「話し手がどこからの事態の眺めを提供するのか？」という問いの答にあたるもの，注視点とは「話し手が提供する眺めの中心は何か？」という問いの答にあたるものとしておく。前節でラフに「視点」と述べたのは注視点であり，「視点の統一」と呼んだのも注視点の統一である。注視点は，主語として表現されるものと一致すると本稿では考えている。

　特に視座について，ここで述べておきたいのは，視座を着点に持つ表現が少数ながら存在するということである。次の例 (13) を見られたい。（第 1 回のアンケート調査の結果を付す。）

　　(13) a.　幸運の天使がその村を訪れた。

　　　　　　　［1 点 12 名，2 点 16 名，3 点 24 名，4 点 27 名，5 点 49 名］
　　　　b.　その村に幸運の天使が訪れた。

　　　　　　　［1 点 7 名，2 点 10 名，3 点 15 名，4 点 29 名，5 点 67 名］
　　　　　　　　　　　　　　　　　　　　　［定延 2006: 60*ff*（一部改変）］

文 (a) (b) は，幸運の天使を注視点として，［ある村に対する幸運の天使の訪れ］という過去のデキゴトを意味している点では共通している。自然さの評価は両者とも，不自然とは判断されにくい[8]。だが，両文はデキゴトをとらえる視座が異なっている。

8　例 (13a) は平均値 3.67，分散 1.82，標準偏差 1.35，中央値 4，例 (13b) は平均値 4.09，分散 1.45，標準偏差 1.20，中央値 5 である。サインランク検定（ウィルコクソンの符号順位検定，両側検定）によれば，例 (13b) の方が例 (13a) よりも有意に自然である（$p < .01$）。これらが「不自然とは判断されにくい」とは，例 (13a) の平均値と中央値の高さから筆者が判断したものである。

　文 (a) は，幸運の天使の訪れを，動詞「訪問する」「たずねる」にも共通する […ガ…ヲ〜スル] という枠で，つまり幸運の天使の「訪問，たずね」という動作として表している。この時，視座は天使側にも，その村側にもなく中立で，そして結果的には多くの場合，注視点である幸運の天使の動作（村への移動）をとらえやすい位置（典型的には幸運の天使の近傍）に置かれる。仮にテレビ番組の収録にたとえていえば，視座は，幸運の天使の近くで，テレビクルーが同行しながら幸運の天使に向け続けるビデオカメラの位置であると言ってもよい。

　これに対して文 (b) は，幸運の天使の訪れを，動詞「現れる」「来る」にも共通する […ニ…ガ〜スル] という枠で，つまり幸運の天使の「現れ，到来」という来着というデキゴトとして表している。この時，視座は到着点である村に置かれている。村という到着点への視座配置は，そこに暮らす村人という高アニマシーのモノの存在に支えられている。

　多くの動詞は文 (13a) の「訪れる」のように，視座を中立（そして結果的には注視対象の動作が見えやすい近傍）とする。だが，少数ながら一部の動詞は，文 (13b) の「訪れる」のように，視座を到着点に置く。動詞「現れる」「来る」を述語とする文を見てみよう。次の例 (14) (15) を見られたい。（例 (14) は第 2 回，例 (15) は第 1 回の調査結果を付記する。）

　(14)　??無人島に私が現れた。

　　　　　　[1 点 60 名，2 点 27 名，3 点 14 名，4 点 7 名，5 点 3 名]

　(15)a. ??私は自分がまったく知らないところへ来る。

　　　　　　[1 点 109 名，2 点 16 名，3 点 1 名，4 点 2 名，5 点 0 名]

　　b.　　私は自分がまったく知らないところへ来た。

　　　　　　[1 点 8 名，2 点 13 名，3 点 17 名，4 点 31 名，5 点 59 名]

「現れる」を述語とする例(14)が不自然と感じられやすいのは[9]，話し手が自身の視座を差し置いて，別の場所（無人島）に視座を置くというイメージが得にくいからだろう。また，「来る」は，到着点が自身のなわ張りでなければならないので，到着地が自身にとってまったく知らない場所であれば，文

9　例 (14) は平均値 1.79，分散 1.13，標準偏差 1.06，中央値 1 である。「不自然と判断されやすい」とは，平均値と中央値の低さから筆者が判断したものである。

の自然さは時制との組み合わせ次第で異なる。話し手がまだ到着地に至って
いない例（15a）の場合，到着地は話し手のなわ張りではなく，文は不自然だ
が，話し手が到着地に至った段階で，到着地は話し手がいま身を置いてい
るところ，つまり個人空間というなわ張りとなり，例（15b）は自然である。
調査結果は「例（15a）よりも例（15b）の方が有意に自然」というもので[10]，
この記述と矛盾しない。

　モノの物理的な移動だけでなく，所有権の移転の場合も同様である。例と
して（16）を挙げる。（第 2 回の調査結果を付記する。）

　　（16）a.　［本の所有権が A 氏から話し手の弟に移転］

　　　　　　A さんは私の弟に本をくれた。

　　　　　　　［1 点 15 名，2 点 10 名，3 点 12 名，4 点 24 名，5 点 50 名］

　　　　b.　［本の所有権が話し手の弟から A 氏に移転］

　　　　　　??私の弟は A さんに本をくれた。

　　　　　　　［1 点 69 名，2 点 19 名，3 点 8 名，4 点 11 名，5 点 4 名］

このうち（a）と比べて（b）の自然さが低いのは[11]，述語動詞「くれる」の視
座が，本の所有権の移転先であると同時に，話し手のなわ張り（つまり話し
手の身内）でもある必要があるからである[12]。

5.　デキゴト履歴に関する能動文とニ受動文の部分的不一致

　前節では，「〜に訪れる」「〜に現れる」「〜に来る」「〜くれる」を取り上
げ，これらが，モノの着点を視座としてデキゴトを語ることばであると論じ
た。ここで述べたいのは，モノの着点視座と類似する，力の着点視座が，ニ
受動文について傾向として認められるということである。つまりニ受動文は

10　例（15a）は平均値 1.18，分散 0.26，標準偏差 0.51，中央値 1，例（15b）は平均値 3.94，
分散 1.57，標準偏差 1.25，中央値 4 である。サインランク検定（ウィルコクソンの符号順
位検定，両側検定）によれば，例（15b）の方が例（15a）よりも有意に自然である（$p < .01$）。

11　例（16a）は平均値 3.76，分散 2.09，標準偏差 1.45，中央値 4，例（16b）は平均値 1.76，
分散 1.37，標準偏差 1.17，中央値 1 である。サインランク検定（ウィルコクソンの符号順
位検定，両側検定）によれば，例（16a）の方が例（16b）よりも有意に自然である（$p < .01$）。

12　「くれてやる」は「くれる」とは別語であり，ここでの観察を揺るがすものではないこ
と，念のために言い添えておく。

能動文と比べて，力の受け手（着点）をより視座に据えやすいというのが，ここで示したい考えである。この考えによれば，二受動文「YがXにVされる」の意味は，デキゴト［XからYへの力の作用（V）］を主語名詞句「Y」の指示物Yの視座から述べる傾向にあるものとなる。

　この考えを支持するアンケート調査（第1回）の結果を（17）（18）に示す。ここでは例外的に，調査対象者たちに「自然さ」ではなく「正しさ」を問うていることに注意されたい。

　（17）　［普段は温厚な態度を崩さないあの師匠も，一郎の作風は我慢できず，師匠たちの会合ではこれまでに2度も一郎をこき下ろしていた。今日，ついに師匠は一郎を呼びつけ，じきじきに面罵した。］

　　　a.　?あの師匠は今日はじめて一郎をけなした。

　　　　　　［1点51名，2点18名，3点8名，4点21名，5点30名］

　　　b.　一郎はあの師匠に今日はじめてけなされた。

　　　　　　［1点28名，2点11名，3点12名，4点19名，5点58名］

　（18）　［めったなことでは弟子をほめないあの師匠も，一郎の作風には感じ入り，師匠たちの会合ではこれまでに2度も一郎をほめちぎっていた。今日，ついに師匠は一郎を呼びつけ，じきじきに激賞した。］

　　　a.　?あの師匠は今日はじめて一郎をほめた。

　　　　　　［1点54名，2点18名，3点9名，4点17名，5点30名］

　　　b.　一郎はあの師匠に今日はじめてほめられた。

　　　　　　［1点21名，2点11名，3点8名，4点14名，5点74名］

2つの設問は，師匠による評価の内容が否定的か（（17）），肯定的か（（18））は異なっているが，基本的な構造は同じである。つまり，［師匠は，一郎と対面する前に2度おこなった行為（一郎をけなす/ほめる）を，一郎と対面してさらに1度おこなった］という状況が提示された上で，「はじめて」という表現を含む能動文が（a）として，二受動文が（b）として提示され，それぞれ正しさが問われている。

　それまでに2度同じデキゴトが起きているにもかかわらず，3度目を「は

じめて」と述べることは，客観的な知識の表現としては許容しがたい。3度目を「はじめて」と述べる文が許容されるのは，当該の文が個人的な体験の表現であればこそだろう。3度目のデキゴトを「はじめて」と表現することを許容する理屈は，「師匠にとっては，一郎をかげでけなす／ほめることと，一郎を面と向かってけなす／ほめることは別の体験」というもの（つまり師匠の体験論）であれ，「知らないいところでこれまでに2度師匠にけなされ／ほめられていたとしても，それは一郎にとって体験ではない」というもの（つまり一郎の体験論）であれ，当該の文が体験の表現であるというところから生じる。そして，体験の表現は，単にそのモノ（体験者）のアニマシーが高いだけでなく，そのモノの視座（体験者視座）に立っていなければ成り立たない。このように，(17)(18)の各文の正しさは，その文が師匠や一郎の視座を取りやすいか否かという問題と結びついている。

　アンケート調査の結果は，(17)(18)とも，能動文 (a) の正しさは受動文 (b) の正しさより有意に低いというものであった[13]。

　但し，その傾向から外れるもの，具体的には「能動文 (a) は正しい」「ニ受動文 (b) は正しくない」という回答も無視できないと思えるほど見られた。より具体的には，(17a,b)(18a,b)はいずれも，これまで示してきた他の調査結果とは違って，回答が棒グラフで言えばU字状の分布をなし（表1），1点・5点という両端の点数の回答が多くなっていた（網掛け部分）。能動文 (a) では1点の回答，ニ受動文 (b) では5点の回答が各々最大多数を占めるとはいえ，それに次いで多いのは，能動文 (a) では5点，ニ受動文 (b) では1点の回答であった。

13　例 (17a) は平均値 2.70，分散 2.76，標準偏差 1.66，中央値 2，例 (17b) は平均値 3.53，分散 2.66，標準偏差 1.63，中央値 4 である。サインランク検定（ウィルコクソンの符号順位検定，両側検定）によれば，例 (17a) よりも例 (17b) の方が有意に自然である（$p < .01$）。また，例 (18a) は平均値 2.62，分散 2.77，標準偏差 1.67，中央値 2，例 (18b) は平均値 3.85，分散 2.46，標準偏差 1.57，中央値 5 である。これもサインランク検定（ウィルコクソンの符号順位検定，両側検定）によれば，例 (18a) よりも例 (18b) の方が有意に自然である（$p < .01$）。

表 1　例 (17) (18) の回答の内分け (単位：人)

例 ＼ 回答	1 点	2 点	3 点	4 点	5 点	計
能動文　　(17a)	51	18	8	21	30	128
ニ受動文 (17b)	28	11	12	19	58	128
能動文　　(18a)	54	18	9	17	30	128
ニ受動文 (18b)	21	11	8	14	74	128

　この結果から考えられるのは，能動文 (a)・ニ受動文 (b) はいずれも，基本的には知識の表現にもなり得，また，体験の表現にもなり得るということである。それは，これらの文の視座が，中立的な位置にも，主語名詞句指示物 (能動文なら師匠，ニ受動文なら一郎) の位置にもなり得るということである。能動文よりもニ受動文の方が，視座が中立的な位置から外れやすいが，両文の違いはあくまで程度の差である。

　古賀 (2018: 196) では，ニ受動文が視座に関して，能動文と対称的な位置にあるものと分析されている。具体的に言えば，次の能動文 – ニ受動文のペア (19a, b) について，

　(19) a.　太郎が次郎を殴った。

　　　 b.　次郎が太郎に殴られた。

［古賀 2018: 196］

能動文 (a) は太郎の視座，ニ受動文 (b) は次郎の視座と述べられている。本稿では古賀 (2018) とは異なり，能動文やニ受動文が，中立的な視座を持ち得ることを認め，さらに主語名詞句指示物 ((a) では太郎，(b) では次郎) の視座をも持ち得ることを認めた上で，能動文よりもニ受動文の方が，主語名詞句指示物の視座を持ちやすいと述べたことになる。

6.　まとめ

　以上，本稿では，黒田 (2005) の考えを肯定的に評価する一方で，ニ受動文「Y が X に V される」の意味を記述するにあたって，「Y が」と述べ始めたなら，その時点で，それはニ受動文の意味記述ではなく，なぞりになってしまっていると述べた。そして，この出だしの「Y が」に代わる意味記述を

求めるために，視点（注視点・視座）の概念を導入した。体験表現には体験者の視座が必須という形で，体験表現を持ち出して視座を論じ，アンケート調査を通じて，デキゴト履歴（ひいては視座）に関する能動文とニ受動文の非対称性を示した。

　得られた観察結果に基づき，ニ受動文と能動文について，意味の異同を述べれば，次のようになる。能動文「XがYをVする」と，ニ受動文「YがXにVされる」は，中立的な視座，もしくは主語名詞句指示物（能動文でX，ニ受動文ではY）の視座から，主語名詞句指示物を中心に，デキゴト［XからYへの力の作用］を描く点は共通している。但し，ニ受動文は能動文と比べると，視座が主語名詞句指示物に置かれやすい。その場合，ニ受動文は，物理的移動の着点視座の「〜に訪れる」「〜に現れる」「〜に来る」，所有権の移動の着点視座の「〜にくれる」と似て，力の着点（受け手）を視座に置いていると言うことができる。

　この考えは，Kuroda（2005）の（1）の内容を，視点概念の導入により明確にしたものである。この考えによれば，述語動詞が作成動詞の場合のニ受動文の不自然さ（第2節）は，デキゴト［XからYへの力の作用］を表現するにあたって，このデキゴトが完成するまで生じない力の着点Yを注視点そして視座にすることの不自然さとして理解できる。

付記

　本稿は，日本学術振興会の科学研究費補助金（基盤（S）20H05630），国立国語研究所の共同研究プロジェクト「対照言語学の観点から見た日本語の音声と文法」の成果を含んでいる。

参照文献

黒田成幸（2005）『日本語からみた生成文法』東京：岩波書店.
古賀悠太郎（2018）『現代日本語の視点の研究——体系化と精緻化』東京：ひつじ書房.
定延利之（2006）「動態表現における体験と知識」益岡隆志・野田尚史・森山卓郎（編）
　　『日本語文法の新地平1 形態・叙述内容編』：51–67. 東京：くろしお出版.
野田尚史（1989）「真性モダリティをもたない文」仁田義雄・益岡隆志（編）『日本語
　　のモダリティ』：131–157. 東京：くろしお出版.
松木正恵（1992）「「見ること」と文法研究」『日本語学』11（8）：57–71.

Toet, Rudy（2000）An Optimality-Theoretic Analysis of the Japanese Passive. 博士論文，
　　京都大学.

第**6**章

「受動文」から「受身文」へ
―受身の捉え方と受身の指導―

前田直子

1. はじめに

本稿では，次の 3 点について考える。

- ［1］ 日本語教育に必要な，そして有用な「受身の捉え方」，すなわち「受身とは何か」についての認識は，どのようなものか

- ［2］ 「受身の捉え方」を変えることによって，どのように「教え方」が変わるか

- ［3］ 「教え方」を変える際に，既存の教科書をどのように活用できるか

2. 受身の捉え方 ―受身とは何か―

2.1 「受動文」と「受身文」

本書第 1 章（志波論文），および第 7 章（菊地・増田論文）で述べられているように，受身の分類の仕方には大きく 2 つのタイプがある。

一つは，能動文との対応関係による分類であり，「直接受身」「間接受身」の 2 分類，あるいはそれに「持ち主の受身」を加えた 3 分類が知られている。これらは，元の能動文との対応，すなわち，元の能動文のどの成分が受動文のガ格（主語）になるかを基準に分類したものである。元の能動文の対象（ヲ格・ニ格）がガ格になるものを直接受身，対象の持ち主（ノ格）がガ格になるものを持ち主の受身，元の能動文には存在しない人物（たいてい「私」）をガ格にするものが間接受身となる。このように，能動文との関係か

ら受身を捉えたものを「受動文」と呼ぼう。

表1　受動文の3分類

	受動文の ガ格に昇格する 能動文の成分	能動文	受動文
直接 受身	直接対象（ヲ格）	先生が花子をほめた	花子が先生に褒められた
	間接対象（ニ格）	先生が花子に話しかけた	花子が先生に話しかけられた
持ち主 の受身	持ち主 （ノ格）	母が花子の日記を読んだ	花子が母に日記を読まれた
間接 受身	（なし）	父が病気で倒れた	（私が）父に病気で倒れられた

　菊地・増田論文によれば，このような分類は「1970年代」の「初期の生成文法家の研究」から始まったもので，この捉え方を日本語教育に導入することに伴う問題点が，次のように指摘されている（下線は引用者による）。

　　(1)　英語は，能動文（他動詞文）では主語も目的語も表示しなければならず，受身文も主語は必須である。こういう言語なら，〈能動文と受身文を完全文どうし対応させる〉という捉え方で，受身を教育・学習するしかない。だが，日本語はそのような〈完全文〉の言語ではない。それなのに，英文法に倣った〈能動文と受身文の対応〉で受身を教え，そこに〈分類〉まで絡めてしまったことが，日本語の受身を必要以上に難しいものにしてしまったのである。
　　　　　　　　　　　　　　　　　　　　　　　　　　　　（本書 p. 173）

　一方，こうした分類による受身研究が盛んになる以前，日本語の受身の研究では，受身文の主語（ガ格名詞）が有情か非情かによって，受身が分類されてきた（日本語文法学会 2014：44）。その際，元の能動文に戻して受身文を分析するのではなく，そこにある受身の文そのものを分析対象とする。このように受身を捉える場合，受動文ではなく「受身文」と呼ぼう[1]。

1　「受身文」に対応するものに対し，早津（2020: 17）は「原動文」という名称を与える。早津（2020）は「原動文・受身文・使役文」の3者が体系をなすと見ており，受身文や使役文を原動文からの変形とは捉えない見方を示している。

表 2　有情の受身と非情の受身

	主語（ガ格名詞）	
有情の受身	有生物	（私が）駅前にマンションを建てられた
非情の受身	無生物	駅前にマンションが建てられた

　近年の受身研究では長らく，後発である「受動文」の捉え方が優勢であったのに対し，本書第 1 章に概要がある志波彩子氏の一連の受身構文研究は，「受身文」の捉え方に立つものである。また日本語教育の観点から，能動文との関係に依らない「受身文」の捉え方が，菊地・増田両氏の一連の研究で支持されてきた。研究においても教育においても，受身の捉え方が「受動文」から「受身文」へ変化しつつあることが，本書の各所において主張されている。

　たが「受身文」の捉え方の復権は，日本語教育においては最近のものとは言えない可能性がある。3.2 で詳述するように，日本語の教科書を見ていると，「受動文」というより「受身文」として日本語の受身を教えようとしている様子がうかがえるからである[2]。ただし，実際に教科書を使って教えるのは現場の教授者であり，教授者が受身をどう捉えているかにより，教科書の使い方は変わる。本稿では 3.3 において，この点に触れる。

2.2　志波氏の「受身構文」研究と四大分類

　志波彩子氏の「受身構文」研究は，その概要が本書第 1 章にあるが，この研究は「受動文」ではなく「受身文」の研究であるとともに，旧来の受身文の研究とは大きく異なる点がある。それは，主語の有情性に，行為者の有情性を組み合わせ，受身を 4 分類[3]している点である。

2　ただし日本語教科書においても「受動文」としての教え方を採用する新しい教科書もある。例えば『大学の日本語 初級 ともだち vol. 2』（2017）では第 22 課の「文法 Grammar」において菊地・増田論文（3）（4）のような図式が使用されている（p. 171）。こうした教え方が有効であるという認識を示していると思われる。

3　志波（2015）の研究では，4 大分類の後，さらに 17 中分類，71 小分類されている。

表 3[4]　**受身構文の主語と行為者による分類（4 大分類）**

主語＼行為者	有情者	非情物
有情者	有情主語有情行為者	有情主語非情行為者
非情物	非情主語一項	非情主語非情行為者

　表 2 は表 3 の網掛け部であり，右側が新たに拡張されたということがわかるだろう。さらに表 3 に「文型[5]」と「例文」を加えると，次のようになる。

表 4　**受身構文 4 大分類の文型と例文**

主語＼行為者	有情者	非情物
有情者	AN-ガ　AN-ニ　V-ラレル（AA）和夫は兄に殺された	AN-ガ　IN-ニ　V-ラレル（AI）私は育児に悩まされている
非情物	IN-ガ　V-ラレル（I）庭に木が植えられた	IN-ガ　IN-ニ　V-ラレル（II）日本は海に囲まれている

　この 4 大分類で注目すべき点[6]は，上にも述べたように，主語の有情性による 2 分類に，行為者の有情性の 2 分類を組み合わせ，全体として 4 分類とした点である。一見すると，ごく「単純」な拡張に見えるかもしれないが，これまでの研究では行われていなかった大きな発想の展開がある。

　この 4 大分類の中で最も興味深い点は，表の左下（主語が非情物，行為者が有情者）であり，ここは「非情主語有情行為者（IN-ガ　AN-ニ　V-ラレル）」すなわち IA 型とはならず，「非情主語一項（IN-ガ　V-ラレル）」となること，すなわち非情物主語の受身では行為者が表されない（＝ I 型）のが基本であることが明示された点である。このことは日本語教育における受身の指導にも大いに役立つ重要な指摘である。

　志波（2015）には，実際の使用頻度や使用される動詞のタイプを見ると，

4　志波（2015: 44）の表 1。

5　AN および A は Animate，IN および I は Inanimate を示す。

6　他にも「有情者」と「非情物」の「者」と「物」の使い分けも卓見である。

受身文の多くは，表 4 の網掛けした左側 2 段（＝行為者が有情者の場合）であり，右側（＝行為者が非情物の場合）は少ないことも指摘されている（使用頻度については，3.4 で取り上げる）。つまり，従来の 2 分類（＝表 2）は日本語の受身の実態の概要を正しく捉えたものであることも指摘されているが，一方で，表の右側が存在することを指摘した意義は大きい。

　最後に，繰り返しになるが，この研究が能動文との対応から受身を見るのではない「受身文[7]」の研究であることを改めて確認しておきたい。

2.3　菊地・増田両氏の研究と志波氏の研究からの示唆

　志波氏の研究が能動文との対応を第一義的な分類基準とは見ない「受身文」の研究であることを述べたが，菊地・増田両氏の日本語教育の立場からも同様の視点が主張されている[8]。このことは，日本語の受身の捉え方として「受動文」ではなく「受身文」の捉え方のほうが適切ではないかということを感じさせる。

　そしてその「受身文」の中心となるものは，「受身動詞」であることが菊地・増田論文で示されている。菊地・増田論文では，日本語の「文（Sentence）」と「受身文」を次のように捉えている。

　　（2）　　日本語は，このように動詞一語で文をなし，その動詞を受身形に
　　　　　　すれば受身文になる言語　　　　　　　　　　　　（本書 p. 173）

そして，これに基づき，受身指導の第二段階として（本書 p. 176）「語レベルでのミニマムな受身」（「怒られた！」「取られた！」）の存在を指摘し[9]，その指導を提案している。

7　志波氏は「受身構文」と称する。

8　ただし両者には主語（ガ格名詞）の位置づけに違いがある。菊地・増田論文はガ格は他の格成分同様，文の補語の一つと見るのに対し，主語（ガ格）の有情性を分類基準の一つとする志波氏の研究ではガ格の地位は他の格より高いことになる。

9　町田（2017: 544）は，「かばん，盗られちゃった。」を例に，「われわれは直接受身とも間接受身ともつかない未分化の状態で受身を使っている」とし，この文は「直接受身でも間接受身でもなく「受身」なのである。」と述べている。「受動文」ではなく「受身文」の捉え方と一致する見解であり，このような認識が多方面の受身研究から提出されていることは興味深い。

　この指摘は大変魅力的であり，初級で受身を教える負担の重さをずいぶんと軽くしてくれるのではないだろうか。本稿はこの提言に基づき，受身の教え方・練習の仕方について，またその際のイラストの活用[10]について考えてみたい。

3.　受身の教え方と練習問題

3.1　動詞の受身形の練習から「受身とは何か」をつかむ

3.1.1　受身形の練習から受身文の練習への飛躍の問題点

　受身を教える際，最初の導入[11]の後にまず行われるのは，動詞の「受身形」の作り方の練習であろう。この段階で挫折したり拒否反応を示したりする学習者もいるかもしれない。また，この形態変化練習だけで終わってしまう受身の授業もあるかもしれない。だが，本書の菊地・増田論文が示すように，受身文は動詞の受身形だけでも十分成立するものであることからすると，受身形の作り方自体が受身文の理解と，受身文の自然な運用につながる練習となるのではないか。そのためにはどのようにすればよいのだろうか。

　多くの教科書では，まず動詞の受身形の作り方の規則を示し，練習を行い，次に文レベルの練習に移る[12]。例えば『初級日本語2　大地』第36課は，図1にあるような動詞の形態変化と文例がまず図示される。また，練習は，図2に見るように，図1の1に対応する練習，図1の2に対応する練習が示されている。

10　受身の指導におけるイラストの活用についての論考に中村 (2015) があるが，連文（テキストレベル）および文レベルの産出におけるイラストの活用が提示されており，「語レベルのミニマムな受身」の捉え方を重視する本論とは異なる。

11　実際の教育現場でどのような「導入」がなされているのかは興味深い点である。本書菊地・増田論文の第5節 (p.176) にもその一例が示されているように，おそらく様々な工夫が見られるものと推察できる。

12　例えば『学ぼう！にほんご　初級2』は，見開きであるが，「4　動詞の形態練習(p.85)」の前に受動文の練習 (p.84，例：先生がわたしをほめました。→　わたしは先生にほめられました) が示され，逆の順序になっている。

1.

	辞書形	受身形		辞書形	受身形
I	いう	いわれる	II	たべる	たべられる
	きく	きかれる		おしえる	おしえられる
	さわぐ	さわがれる		みる	みられる
	はなす	はなされる		いる	いられる
	まつ	またれる			
	しぬ	しなれる	III	くる	こられる
	よぶ	よばれる		する	される
	よむ	よまれる			
	つくる	つくられる			

2.　　　わたしは先生に ┌ よばれました。
　　　　　　　　　　　　　└ ちゅういされました。 ┘

図1　『日本語初級2 大地 メインテキスト』(2009) p. 84

---

1. 言う→言われる
　　例）言う　1）呼ぶ　2）騒ぐ　3）誘う　4）振る　5）建てる　6）しかる
　　7）褒める　8）壊す　9）発明する　10）来る

2-1　私は母に起こされました。

図2　『日本語初級2 大地 メインテキスト』(2009) p. 85

また『初級日本語 げんき II 第3版』[13] は，次のようになっている。

---

①どろぼうにかばんをとられました

A. Change the following verbs into the passive forms.

Example　飲む→飲まれる

1. 食べる	5. 捨てる	9. うそをつく	13. 立つ
2. やめる	6. 壊す	10. 連れていく	14. 来る
3. なくす	7. 見る	11. ばかにする	15. 怒る
4. する	8. 笑う	12. たばこを吸う	16. 盗む

B. Takeshi has been having a tough life. Describe what happened to him using passive forms.

Example: たけしさんは　どろぼうに　かばんをとられました。

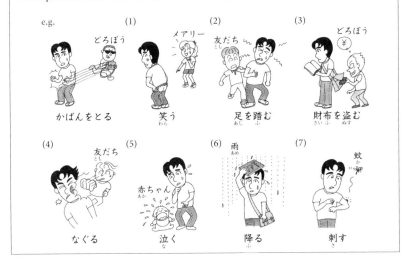

図3　『初級日本語 げんき II 第3版』(2020) p. 217

13　Aの12で，動詞「吸う」だけでなく，「を」格を含んだ「たばこを吸う」を「たばこを吸われる」に変換する練習をさせるところに注目したい。

　多くの教科書は，「受身形」の作り方から，「受身文」の産出に一気に飛躍する。そこでは動作主を表す助詞の交替が起こる。ここに学習者にとっての難しさがあるのではないだろうか。

3.1.2　「受身形の作り方」を「受身の理解」の指導に変える
——日本語教科書の「先進性」(1)

　受身の指導の最初に行われる動詞の受身形の指導・練習を，単なる動詞の形態変化練習ではなく，「受身とは何か」という受身の理解につなげることはできないだろうか。それと同時に，動詞の受身形の産出を，受身文を産出させる練習にできないだろうか。それをどのように行えるだろうか。

　こうしたことについては，次の教科書が参考になる。『SITUATIONAL FUNCTIONAL JAPANESE（Vol.3 NOTES）』(p. 12) には，次のような説明（和訳は引用者による）に続き，図4のイラストが提示されている。

(3)　　When A does something to B, this can be described from two different
　　　 angles:
　　　　　(1) from the viewpoint of A, who performs the action. (Active)
　　　　　(2) from the viewpoint of B, who is at the receiving end of the
　　　　　　　action. (Passive)
　　　 In the pairs of examples below, (2) are passive sentences:

> 私訳：A が B に対して何かを行った場合，この出来事は 2 つの
> 　　　異なる視点から描くことができる。
> 　　　(1)　その行為を行った A の視点から。（能動）
> 　　　(2)　その行為の受け手である B の視点から。（受身）
> 　　下の図の各ペアのうち，(2)が受身文である。

　これは「受身とは何か」の解説そのものである。そして，これを教えるイラストとして図4が続く。①②それぞれに同じイラスト（ 1) 2) ）が示され，「視点」を持つ登場人物に「矢印」を付けている。大変優れた受身の説明になっているのではないだろうか。ただ，イラストの横に示された受身が「文」のレベルになっているところが，菊地・増田論文の指摘する問題点と

重なる[14]。

図4 『SITUATIONAL FUNCTIONAL JAPANESE（Vol.3 NOTES）』（1994）p. 12

---

14 さらに，『SFJ』はこのイラストの後に，受身を「直接」と「間接」に分けた説明を行うが，その説明はまさに能動文から「変形」させる「受動文」の説明となっている。また上の（3）およびイラストで説明されているのは有情の受身であり，非情の受身についてはテキスト16ページに「3. A new type of Japanese passive」として取り上げられ，次のような説明が付されているにとどまっている。

As we saw earlier, the subject in a Japanese passive sentence is usually animate; recently, however, the use of passives with inanimate subjects is on the increase, especially in the media:

1. この寺は1950年に建てられた。　This temple was built in 1950.
2. きのう新型ロケットが打ち上げられました。　A new type of rocket was launched yesterday.
3. 山川さんが首相に選ばれた。Yamakawa-san was elected prime minister.

　よって，このアイディアを「語レベルでのミニマムな受身」の文に変更すればよいのではないか。それはさほど難しいことではない。

　例えば，図3『初級日本語　げんきⅡ　第3版』のBの練習問題を，図4に倣い，次のように「加工」して，動詞の形態変化練習に使用する。

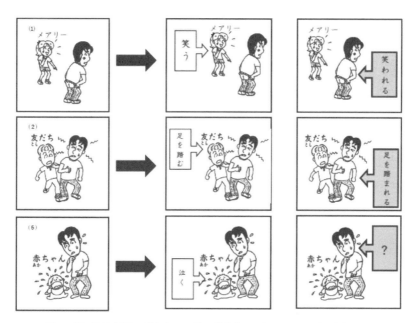

図5　『初級日本語　げんきⅡ　第3版』(2020) p. 217　引用者加工版

　このような図を用い，下のように練習を行い，名詞句を加えて，受身文へだんだんと拡張していくことができる。

第一段階：		笑う	→	笑われる[15]
第二段階：		笑いました	→	笑われました
第三段階：(メアリーさんは笑いました)[16]	→	メアリーさんに		笑われました
第四段階：	→	たけしさんは	メアリーさんに	笑われました

15　マス形から動詞を教える教科書では「笑います→笑われます」から入ることになる。

16　第三段階の要点は左側の文ではなく右側の文であり，左右の文の対応を強調しないこ

　理解のためには図 5 の (1) (2) のような図を使用し，動詞の形態練習のためには，三つ目の (5) のように受身形を空欄とするのがよいだろう。

　ここで重要なのは，動詞の形態変化の練習が，「受身とは何か」「受身は何を表しているのか」という受身の捉え方そのものを理解することになることである。さらにこの方式では，直接受身（図 5 (1)）だけでなく，持ち主の受身 (2)，間接受身 (5) も統一的に練習できる[17]。すなわち，菊地・増田論文で述べられている通り，受身を「〈受身の分類〉や〈能動文との対応〉を持ち込まずに教える」「〈語レベルでのミニマムな能動 vs. 受身の対応〉を学習の基盤に置く」という考え方を示したものが図 5 の練習である。

　さらに，この方式は，非情の受身（図 6）にも統一的に使用できる。

　『みんなの日本語　初級 II 第 2 版』第 37 課の練習 C の最後の問題に，次のようなイラスト付きの練習問題がある。

3　　A：この ①お寺は　いつごろ　②建てられたんですか。
　　　B：500 年ぐらいまえに、②建てられました。
　　　A：そうですか。ずいぶん　古いんですね。
　1) ①絵
　　　②かきます
　2) ①庭
　　　②造ります

図 6　『みんなの日本語初級 II 第 2 版 本冊』(2013) 第 37 課　練習 C p.101

　このイラストで注目すべきは，動作主（大工さん）と動作対象（お寺）の両方が描かれていることである。よって例えば上のイラストは次のように「加工」できる。

とが，受身文の教え方である。対応を強調すると受動文の教え方となってしまう。

17　図 3 にも示されているように，『げんき』は，直接受身・持ち主の受身・間接受身を練習問題の中で区別せずに教える。(cf. 本書村上論文の「分類しない型」p.35)

図7 『みんなの日本語初級Ⅱ第2版 本冊』(2013) 第37課 練習C p.101 引用者加工版

ここでも次のように受身文へと拡張していくことができる。

第一段階：	建てる	→	建てられる
第二段階：	建てました	→	建てられました
第三段階：500年前に建てました		→	500年前に建てられました
第四段階：		→	このお寺は500年前に建てられました

3.2 教科書に見られる試み

3.1において，受身形の作り方の練習，そして受身とは何かを捉えさせる練習のために，日本語教科書のイラストの「加工」を提案したが，実際にはすでに教育現場においてこのような取り組みを行っている教授者は多いのではないかとも推察する。

例えば『みんなの日本語　初級Ⅱ』は，1998年初版の練習Bの最初の問題1は下の図8であったが，第2版では図9に変わった。

例：先生は　わたしを　褒めました
　→わたしは，先生に　褒められました。

1) 兄は　わたしを　しかりました　→
2) 父は　毎朝　早く　わたしを　起こします→
3) 課長は　わたしを　呼びました
4) ミラーさんは　わたしを　パーティーに　招待しました

図8　『みんなの日本語初級Ⅱ 本冊』（1998）第37課　練習B　p. 97

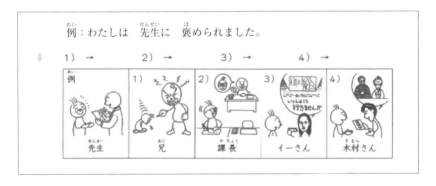

例：わたしは　先生に　褒められました。

1)　→　　　2)　→　　　3)　→　　　4)　→

図9　『みんなの日本語初級Ⅱ 第2版 本冊』（2013）第37課　練習B1　p. 99

　初版ではキューが文字で与えられているため，どうしても〈能動文との対応〉を感じさせてしまう[18]。それに対し，第2版ではキューが文字（完全文）からイラストに変わった。このことは〈能動文との対応〉に頼らず「受身とは何か」ということを捉えさせようとしていると見ることができる[19]。こう

18　ただし，注意深い教授者であれば〈能動文との対応〉を持ち込まずに教えることができるとも思われる。また文字で示されたキューの「加工」については，次節3.3で見る。

19　この問題B1が例「わたしは　先生に　褒められました」のように「完全文」を作らせる問題となっている点は，本書の主張と合致しない。この練習を「語レベルのミニマムな受身」の練習に変えれば，学習者と教授者の双方の負担はだいぶ軽くなるのではないだろ

した教科書の意図を理解して授業に活用し，次に述べるような〈能動文との対応〉を誤って持ち込まないようにする注意が必要なのではないだろうか。

3.3 「受動文」の指導とならないために――イラストを使わない場合

受身の指導にイラストが有効であるとはいえ，すべての練習にイラストを用意することは難しく，文字をキューとして提示することになる。

再び『みんなの日本語　初級Ⅱ　第2版』第37課の練習Bを取り上げると，問題1のイラストによる受身文作りの練習（図9）に続き，問題2に文字（文）による受身文作りの練習がある。3.1に示したような方法を用いて問題1に〈能動文との対応〉を持ち込まない指導ができたのであれば，その後で問題2の練習をする際にも〈能動文との対応〉を持ち込まないようにしたいところである。すなわち，菊地・増田論文の第3節(3)(4)（本書 p.171）で指摘されているような練習，能動文から受動文を作る練習にならないようにしなければならない，ということである。それにはどうしたらよいだろうか。

例：女の　人が　わたしに　道を　聞きました。
　　→わたしは　女の　人に　道を　聞かれました。
1) 妹が　わたしに　友達を　紹介しました。→
2) 母が　わたしに　買い物を　頼みました。→
3) クララさんが　わたしに　歌舞伎に　ついて　質問しました。→
4) 警官が　わたしに　ここに　車を　止めるなと　言いました。→

図10　『みんなの日本語初級Ⅱ　第2版 本冊』(2013) 第37課 練習B2 p.99

もう一つ，この問題2で気になるのは「は」と「が」の問題である。文字で示された例文のキュー「女の人が私に道を聞きました」の「私に」を

うか。ただし，現場ではすでにそのような練習をさせている可能性もある。この練習問題に続く，問題B4では，問題1のようなイラストを活用し，会話の形で主語を省略した非完全文を産出する練習があるからである（例：「どうしたんですか」「母に雑誌を捨てられたんです」）。

「私は」と主語（主題）に変えると，学習者から「もとの「女の人」は「が」であるのに対し，なぜ「わたし」は「は」になるのか」という疑問を持たれるかもしれない[20]。

　更にこの問題2の問題点は，この「変形練習」が必ずしも学習者にとって難しいとは限らないという点である。「例」に与えられた「変形」を模して行うことを簡単にやってしまう学習者もいる。だが「変形」が簡単にできたとしても，それがどのような意味なのかを学習者が（場合によっては教授者も）理解していない可能性があるのではないだろうか。受身とは何か，受身にするとはどういうことなのかを考える練習，そのことを理解できる練習にしなければならない。

　こうした問題意識へのヒントとなるものとして，イラストを用いず，文字をキューにしつつも，次のような工夫を行っている教材がある。

20　この点について，『みんなの日本語　初級Ⅱ　第2版　教え方の手引き』（2016: 107）では「留意点」として次の3点を記しており，教える際に注意が必要な点であると認識していることがうかがえる。（下線は引用者による）

1) この段階では主語は「わたしは」に限定して練習する。

2) B2の能動文で「女の人が」のように動作主に「が」が使われているのはなぜかという質問が出るかもしれない。「女の人は」「女の人が」のどちらの場合も文として成り立つが，「が」の場合，「わたし」にとっての新しい出来事であることを表す。

3) ここで「（女の人）が〜」の文を受身文に変換させているのは，能動文から受身文にするとき，「〈名詞〉が（ガ格）」が「〈名詞〉に（二格）」になることを明確に示すためと，「わたし」に起こった出来事（能動文）を受身文では「わたし」の視点からとらえ「わたしは〜」とすることを明確に示すためである。

下線部を見ると，受身を教えるのに伴い「は」と「が」の違いも教えようという意図があることがわかるが，このことは教師と学習者の双方にとって負担が重いのではないだろうか。ただし，『みんなの日本語』では受身（第37課）に先んじた第30課で「てある」を教える際にも，同様に「は」と「が」の違いを教えようとしており（例文1・2 (p. 34)），第37課が初出となっているわけではない。

Practice as in the example.

Ex. コロンブス［アメリカ大陸を発見しました］

　　→　アメリカ大陸はコロンブスによって発見されました。

1.　ガウディ［サグラダ・ファミリアを建てました］

2.　シェークスピア［『ハムレット』を書きました］

3.　エジソン［電球を発明しました］

4.　マルコ・ポーロ［日本をヨーロッパに紹介しました］

5.　織田信長［安土城をつくりました］

6.　イタリア人の建築家［このホテルをデザインしました］

7.　ベートーベン［「運命」を作曲しました］

図 11　『J. Bridge for Beginners 2』(2008) 5 課 Step1　p. 44

　これは「によって」受身文の練習問題であるが，キューにおいて動作主を［　　］の外に出し，その助詞を削除したところが卓見といえる。これを上の『みんなの日本語』の練習 B2 に適応すると，次のようになる。

2　例　女の人［わたしに　道を　聞きました］

　　→　わたしは　女の人に　道を　聞かれました [21]

　1）妹［わたしに　友だちを　紹介しました］

　2）母［わたしに　買い物を頼みました］

　3）クララさん［わたしに　歌舞伎について　質問しました］

　4）警官［わたしに　ここに　車を　止めるなと　言いました］

図 12　『みんなの日本語初級Ⅱ 第 2 版』(2013) 第 37 課 練習 B p. 99　引用者加工版

　この提示方法によって，そこに「が」と「は」の問題が持ち込まれず，したがってどちらを使用するかという選択が回避できる。能動文との対応関係

21　「わたしは」を削除（＝示さない），あるいは（　　）に入れることも可能である。

を重視しない場合，問いのキューは完全文である必要はないのである。

　文字の上で能動文と対応させるのではなく，一つの出来事の中の動作主でないものの立場から出来事を述べるのが「受身」であるということを常に意識した練習が，イラストのない場合も求められる。

3.4　非情の受身の重要性

3.4.1　有情の受身と非情の受身はどちらが多く使われているのか？

　本書第2章の村上論文の表5を見ると，初級日本語教科書はまず有情の受身を教え，その後に非情の受身を扱うものが多い。次にこの点について考えてみたい。

　非情の受身は，近代以前の日本語にも存在はしたものの，翻訳の影響で用法が拡大し，使用が増大していったことが多くの研究で指摘されている（韓2010，張 2017，岡部 2018，仲村 2019）。

　この現状を書き言葉において実証的に調査したデータが志波（2015）にある。志波（2015）は書き言葉を4種類のテクストジャンルに分け，受身の4大分類の出現数とその割合を調査した。

表5　4テクストの受身4大分類の割合（志波 2015: 363 表 1 を改変）

	有情主語 有情行為者	有情主語 非情行為者	非情主語 一項	非情主語 非情行為者	計
小説の 会話文 テクスト	1099	72	199	12	1382
	79.5%	5.2%	14.4%	0.9%	100.0%
小説の 地の文 テクスト	346	70	340	34	790
	43.8%	8.9%	43.0%	4.3%	100.0%
報道文 テクスト	108	15	331	13	467
	23.1%	3.2%	70.9%	2.8%	100.0%
評論文 テクスト	49	21	508	40	618
	7.9%	3.4%	82.2%	6.5%	100.0%
計	1602	178	1378	99	3257
	49.2%	5.5%	42.3%	3.0%	100.0%

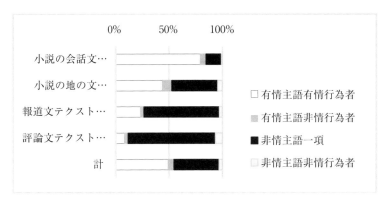

図 13　4 テクストジャンルにおける受身 4 大分類の割合

　4 つのテクストジャンルにより 4 種の受身の出現率は異なり，話し言葉に最も近い「小説の会話文」では「有情主語」が圧倒的に多い。「話し言葉を教えることが初級の日本語教育の目標である」とすれば，有情主語の受身文のみを扱う方向は正しいことになる。しかし話し言葉から離れると，「小説の地の文」では「有情主語」（43.8% + 8.9% = 52.7%）と「非情主語」（43.0% + 4.3% = 47.3%）がほぼ同数となり，報道文と評論文においては「非情主語」の受身の出現が多くなっていく。

　また，現代日本語のアカデミックな[22] 話し言葉を対象とした研究に，岡，他（2021）がある。この研究は，独自に構築した「理工学系話し言葉コーパス」[23] に出現した受身を調査し，次のような結果を得た。

表 6　受身表現の用法別の出現数と出現率（岡, 他 2021: 105）

直接受身	23	4.4%
間接受身	1	0.2%
持ち主の受身	2	0.4%
非情の受身	502	95.1%
	528	

22　『NEJ』では非情の受身を Academic Passive と名付けている。（p.99）

23　理工系 7 分野のゼミの発表・質疑応答から収録した話し言葉コーパス。延べ形態素数

　この話し言葉コーパスでは非情の受身が圧倒的に多かった。このコーパスがアカデミックな場面であることは十分に考慮する必要があるが，特に大学で学ぶ学習者にとっては非情の受身の習得が重要であることが示された。

3.4.2　日本語教科書は有情先行・非情後続が基本

　このように，現代日本語において重要性が高い非情の受身を，日本語の教科書はどのように教えているのだろうか。本書村上論文の表5によれば，初級日本語教科書16種は，この点について，次のように分けられる。

表7　有情の受身と非情の受身を教える順序

有情→非情	同時	非情→有情	非情の受身を扱わない	計
5	8	2	1	16

　最も多いのは「同時」の8種であるが，これらも同じ課の中で有情の受身を先に扱っているので，有情が先（有情→非情）と見てよい。よって16種類の教科書のうち13種類では有情の受身が先であり，2種類のみが非情の受身を先に扱っているということになる。

　各教科書の出版年等を見ると，表8のようになる。「同時」に扱う教科書（表8：⑥〜⑬）は古いものから新しいものまであり，数も最も多いことから，「同時」に扱うのが定番の扱い方であると言える。

　それに対して，両者を別々の課で教える，すなわち何らかの違いがあることを明示している教科書（表8：①〜⑤，⑭・⑮）は，『J.Bridge for Beginners 2』（2008）を除くと，2012年以降に刊行された新しい教科書に多い。

　なお，有情の受身が先行する5種（表8：①〜⑤）のうち，②③④は課が隣接しており，「同時」と類似のタイプと見なすこともできる。5種のうち，先に有情の受身を教え，少し離れて非情の受身を教えるのは①と⑤の2種のみである。両者は教える順序こそ定番の順ではあるが，非情の受身を有情の受身とはやや異なるものとして教えようとする意図を持つと考えられる。

約180万（現代日本語書き言葉均衡BCCWJの1%）。当該論文では，7分野の1つ「都市環境コーパス」（215,837形態素）が対象となっている。

表8 日本語の教科書における有情の受身と非情の受身の順序

	村上表5	教科書名	刊行年[24]	有情	非情
①	15	NEJ 2	2012	U.20 U.23	U.23
②	10	できる日本語 初中級	2012	10課 Step1	10課 Step2
③	13	文化初級日本語II 改訂版	2013	31課	32課
④	6	学ぼう！日本語 初級2 第3版	2013	30課	31課
⑤	16	つなぐにほんご 初級2	2017	19-3 23-1	30-1
⑥	2	SITUATIONAL FUNCTIONAL JAPANESE 3 第2版	1994	17課	
⑦	5	初級 語学留学生のための日本語II	2002	34課	
⑧	1	JAPANESE FOR BUSY PEOPLE III〔改定第3版〕	2007	L.8	
⑨	9	日本語初級2 大地 メインテキスト	2009	36課	
⑩	3	初級日本語 下 新装改訂版	2010	24課	
⑪	4	みんなの日本語初級II第2版 本冊	2013	37課	
⑫	7	はじめよう日本語初級2 改訂版	2013	21課	
⑬	11	大学の日本語 初級 ともだち vol.2	2017	L.22	
⑭	8	J.Bridge for Beginners 2	2008	8課	5課
⑮	14	まるごと 初級2 A2（りかい・かつどう）	2014	18課	13課
⑯	12	初級日本語 げんきII 第3版	2020	21課	

　一方，非情の受身を先に教える教科書の一つ『J.Bridge for Beginners 2』には次のような興味深い練習問題がある。ここでは，動作主が欠けている非完全文を受身文に変える。このような場合に受身文（「非情主語一項」タイプ）が適切になることを教えようとしていると考えられる[25]。

24　参照した版の第1刷の年を記載した。

25　動作主が出現しない受身文としてよく知られているものに「内容の受身（仁田1997）」がある（例：梅雨明けが早まると予想されている）。このタイプの受身の存在から，受身文とは，対象の昇格ではなく，主体の降格が機能上の動機であると考えられる。

```
Ex. 奈良時代にこの仏像を作りました
   　 なら　じだい　　　　ぶつぞう　つく
   →この仏像は奈良時代に作られました
   　　 ぶつぞう　なら　じだい　 つく
1. 江戸時代にこの物語を書きました
   え ど じだい　　　　ものがたり　か
2. 奈良県でこの絵を発見しました
   なら けん　　　 え　 はっけん
3. 500 年前にこのお寺を建てました
   　　 ねんまえ　　　 てら た
4. 中国で紙を発明しました
   ちゅうごく かみ はつめい
5. 1889 年にエッフェル塔を建てました
   　　 ねん　　　　　　 とう た
6. 世界で最初にフランスで自動車レースを行いました
   せかい さいしょ　　　　　　 じどうしゃ　　　　 おこな
7. 世界で最初にイギリスで切手を発行しました
   せかい さいしょ　　　　　　 きって はっこう
```

図 14 『J. Bridge for Beginners 2』(2008) p. 43

3.4.3　非情の受身を先に教える日本語教科書 — 日本語教科書の「先進性」(2)

　非情の受身を先に扱う教科書は，⑭『J.Bridge for Beginners 2』と⑮『ま
るごと 初級2　A2』の2種であり，さらに両者とも2つの受身を隣接課では
なく，離して扱っている。この2種の教科書は，なぜ非情の受身を先に教
えているのだろうか。

　一つには，非情の受身は迷惑性に関して中立的であり，学習者に日本語の
受身の「迷惑性・被害性」を強調する必要がなく，教えやすいと見ているの
かもしれない。あるいは，非情の受身は構造的には全て直接受身であり，他
の言語にも多く見られるタイプであるため，受身を理解させやすいと考えた
のかもしれない。あるいは，現代日本語において，特に書き言葉やアカデ
ミックな日本語ではよく使われることをすでに見抜いていたのかもしれない。
もしそうであるとすれば，この点にも日本語教科書の先進性が見出せる。

　有情の受身と非情の受身のどちらを先に教えるかには，まだまだ議論の余
地があり，必ずしも，（特にアカデミックな場面で圧倒的に）使用頻度の高
い非情の受身を先に教えるほうが「正しい」「新しい」とも言えない。一方
で「日本語の受身は被害・迷惑を表す」ということを強調しすぎることに問

題があることは，本書の村上論文，菊地・増田論文が示している。

　近年整備されつつある日常会話コーパスなどを活用して，話し言葉における受身の実態調査の一面が明らかになることが期待されるところであるが，それがまだ十分に明らかではない現状においては，目の前の学習者にとって何が有益な情報であり指導であるかを，現場に立つ教授者一人一人が考えていくべきである。

3.5　受身単文を超えて ── 拡大文型の試み

3.5.1　「て」形節に出現する受身形

　筆者も，受身をどう教えるのが良いかに悩む日本語教師であったが，その解決策を探るために，「受身はそもそも文のどの位置で使われているのか。日本語の教科書の例文のように，単文文末で使われることは，実は少ないのではないか」という疑問を抱き，受身の出現位置について，シナリオ調査を行ったことがある（cf. 前田 2011）。

　同様に，表6において引用した岡, 他（2021）は，「理工学系話し言葉コーパス（都市環境コーパス）」を用いて受身の出現位置を調査した。両調査の結果を並べると次のようになる。

表 9　受身表現の出現位置別の出現数と出現率（cf. 岡, 他 2021:105）

				岡, 他（2021）		前田（2011）	
文末	単文	①	単文末	24	5%	65	15%
	複文	②	複文末	125	24%	55	13%
非文末		③	引用節末	12	2%	7	2%
		④	疑問節末	28	5%	3	1%
		⑤	連体節末	158	31%	73	17%
		⑥	連用節末	170	33%	223	52%
				517	100%	426	100%

　2つの調査の結果には違いも多くみられるが，共通しているのは「⑥連

用節末」が最も多いということである[26]。一方，日本語教科書の例文や練習問題に現れるような単純な単文末の使用は，両調査においてそれぞれ5%・15%と少なく，95%・85%は，何らかの複雑な文の一部として使われていることが分かる[27]。

　さらに，「⑥連用節末」について，岡，他（2021: 110）は，次のように述べている（下線は引用者による）。

(4)　　連用節末に現れた受身表現は170例である。受身表現に接続する形式によって下位分類した。その結果…中略…「て」節が49例（28.8%）と最も多く，次に連用中止が24例（14.1%）となっている。前田（2011）においては「て」節が223例のうち102例（45.7%）である一方，それ以外の表現はどれも15例（6.7%）以下であったことを考えると，連用中止の出現の多さは本コーパスの特徴を表していると言えよう。連用中止は書き言葉で用いられることが多いが，アカデミックな場面では話し言葉においてもよく使用されていることがわかる。連用中止は，初級というよりは中級レベルにおいて導入されることが多いが，初級レベルにおいても理解できるよう適宜導入することも有効であると考えられる。

　複文・連文（テキスト）における受身の機能に，先行節（文）と後続節（文）の主語を一致させるために用いることがあることはよく知られている。よって，受身を教える際は，次のような「拡大文型」として教えることが学習者の受身の理解と運用に役立つのではないかという提案ができる。

(5) a.　＿＿＿＿＿＿＿られ（て），＿＿＿＿＿＿＿＿＿。

b.　＿＿＿＿＿＿＿＿＿（て），＿＿＿＿＿＿られる。

c.　＿＿＿＿＿＿られ（て），＿＿＿＿＿られる。

26　本稿では以下，連用節，なかでも「て」形節に注目していくが，岡，他（2021）の話し言葉調査で連体節が高い出現数を見せていることも無視できない。日本語教科書の中で，受身形を連体節に出現させた例文を多く提示している教科書に『J.Bridge for Beginners 2』（第5課）がある。

27　ただし，これが受身に特徴的なこととは必ずしも言えない。他の文法項目にも同じことが言える，あるいはそもそも母語話者の発話に単文が少ない可能性もあり，厳密な調査が必要である。

3.5.2 受身の「て」形の積極的な導入

　では，日本語教科書はどのような例文を解説や練習問題で提示しているのだろうか。「て」形節をはじめとした複文の従属節・主節に受身形が出現する例を取り上げているかを中心に見ると，次のようになる[28]。

(1) 単文末中心タイプ

① 『みんなの日本語　初級Ⅱ　第二版』(2013)

　この教科書は単文末中心の典型的な教科書であるが，ただし「文型・例文・会話・練習Ａ・Ｂ・Ｃ」と構成される中で，「会話」の中に次の一例が出現している[29]。

(6)　［金閣寺について］1950 年に一度焼けてしまいましたが，その後新しい建物が建てられて，1994 年に世界遺産になりました。

これは，教科書作成者が意図的に入れているのか，それとも自然な会話文を作成する際に紛れ込んでしまったものなのか，定かではないが，いずれにしても，教科書の中にこうした形で「て」形節の受身が入りこんでいることがわかる。

② 『初級日本語　げんきⅡ　第 3 版』(2020)

　この教科書も，受身形が単文末に現れるのが基本となっている。ただしこの教科書は，受身を教える第 21 課の文法項目として「〜間に」を扱い，冒頭の会話文 (p. 206) に「寝ている間にどろぼうに入られて，気がつかなかったんですか。」があり，受身が「て」形節で出現している[30]。

　一方で，「Ⅵ　まとめの練習 (p.224) Ａ」には，「先週，朝寝坊して，学校に行きました。急いでいたので，教室でころんでしまいました。みんなに

28　以下で教科書を引用する際，ルビ・分かち書きを外した。また下線は引用者による。

29　同様に『JAPANESE FOR BUSY PEOPLE Ⅲ〔改定第 3 版〕』(2007 (1990)) にも，「会話」の文中に次のような例が現れているが，練習問題などにはない。「部長，鈴木さんから電話です。パスポートをすられて，今日は帰れないそうです。」「小学校では，漢字が読めなくてわらわれたり，日本語の発音が変だって言われたり。」

30　だが「〜間に」の練習問題である練習Ⅲ・Ｂには「＿＿＿＿＿間にどろぼうに入られました。」の空欄を埋める問題があり，ここでは受身が複文主節末に現れている (p.222)。

笑われました。とても恥ずかしかったです。」という文が出現する。この文
は「みんなに笑われて，とても恥ずかしかったです。」とできるところであ
るが，そうはなっていない。だが，そのすぐ後に続く「Ｂ（ロールプレイ）
（p.225）」の例に「きのうの夜，どろぼうに入られて指輪を盗まれました。」
と「て」形節と主節の両方に受身形が出現する文が現れる。さらに「ので」
節（「アルバイトに行っている間に入られたので，八時から十一時までだと
思います。」）が１例続く。

　こうした扱いを見ると，この教科書では，受身形が「て」形節に現れやす
いということを意識していなかったのではないかと思われるが，自然な例文
を用意する中で，受身形が従属節に現れる文が提示されたように見られる。

③ 『NEJ 2』（2012）

　この教科書は，対話文ではなく，Personal Narratives と言う独話文を提示
文として使用する教科書であり，受身は Unit20・23・24 の３つの課で教え
られる（詳細は本書村上論文を参照）。

　最初の Unit20 の Personal Narratives 1（リさん，p.66）に出現する受身は全
て単文末である。しかし，続く２（青木さん，p.68）に出現する受身形４例
中３例が「自分の部屋は自分で片づけるように言われましたが，あまりか
たづけませんでした。」のように，「が」節に受身が出現する例である。「が」
節は，Unit23[31] の１（リさん，p.92）にも１例ある。また Unit24 の２（西山先
生 p.102）には「日本は，海に囲まれているので，昔から漁業が盛んです。」
という「ので」節の例がある。

　いずれの課にも「て」形節は出現しない。また，Unit23 の１（リさん）に
は「教室に，カがいたようです。私も，友だちも，足や手をカにさされまし
た。とてもかゆかったです。学校から帰るときは，ハチに追いかけられまし
た。こわかったです。」と言う例があり，また同課２（青木さん）には「わた
したちは，道の真ん中で２時間待たされました。そして，別のバスに乗せ
られました。」という例がある。こうした例を「て」形節で提示すること（＝

31　『NEJ 2』では Unit23 では「と」節も扱い，例文として，「と」節の主節末に受身形が使わ
れる例が示されている。「道を歩いていると，急に犬にほえられました。」（pp.71, 91, 96, 97）

さされて・追いかけられて，待たされて）は可能だろうが，そうはなっていない。この教科書では，受身形が「て」形節に現れやすいということを意識していなかったのではないかと思われる。

　以上，受身形が単文末述語に出現することを基本とする教科書でも，本文・会話文で「て」形節に出現させることがあることがわかった。そして，その場合には，直接受身（『みんなの日本語　初級Ⅱ　第二版』）も間接受身（『初級日本語　げんきⅡ　第3版』）もあった。一方で「て」形節の他，「ので」節（『初級日本語　げんきⅡ　第3版』），「が」節（『NEJ』）が使われるなど，特定の連用節を好む教科書があることもわかった。

(2) 複文を「例文」に積極的に取り入れているタイプ

　受身を扱う際に複文を「例文」に積極的に取り入れていると見られる教科書に『文化初級日本語Ⅱ　改訂版』(2013) がある。この教科書では，第31課の文型5「後ろの人に押されました」(p.145) において，まず動詞の受身形の作り方を示した後に，下の (7) の7例文とさらに2文（※印付き）[32] を示している。この9例文が，1例（＝例文3）を除いてすべて複文になっている点は，他の教科書と比べて注目される (pp.146–147)。

表10　『文化初級日本語Ⅱ　改訂版』受身の例文9文　pp.146–147

単文末	複文		
	主節末	従属節末	
		「て」形節	その他
1例 （例文3）	3例 （例文1・2・5）	3例 （例文6・7・※）	2例 （例文4・※）

(7)　　1) 窓ガラスを割って，先生にしかられました。

　　　　2) 日曜日なのに，母に早く起こされました。

　　　　3) 子どもにカメラを壊されてしまいました。

32　この2文は迷惑の意味がない受身文の例として挙げられていると見られる。

 4) ラルフ：今朝，遅かったですね。どうしたんですか。

   マリー：事故で電車が遅れたんです。満員だったので，電車
      の中で足を<u>踏まれたり</u>，背中を<u>押されたり</u>して，本
      当に大変でした。

 5) ゆうべ帰るとき，雨に<u>降られました</u>。

 6) A：どうしたんですか。

   B：テストが悪かったんです。ゆうべ友達に<u>来られて</u>，勉強
    できなかったんです。

 7) A：眠そうですね。

   B：ええ。夜，子供に<u>泣かれて</u>，寝られなかったんです。

   ※　先生に<u>褒められて</u>，とてもうれしかったです。

   ※　観光客に道を<u>聞かれた</u>ので，教えてあげました。

　例文1)・2) の直接受身では，受身形は「て」形節ではないが，複文の主節であり，受身が従属節と主節の主語を一貫させるために使用されることを示そうとしていると見ることもできる。

　このように『文化初級日本語Ⅱ　改訂版』では基本的な例文[33]に複文を多く取り入れているところが注目されるが，ただし，練習問題には複文はなく，すべて単文末に受身形が来るものになっている。

(3)「て」形節を「練習問題」に取り入れ，産出練習をさせるタイプ
——日本語教科書の「先進性」(3)
①『初級　語学留学生のための日本語Ⅱ』(2002)

　この教科書の第34課は，直接受身・持ち主の受身・間接受身を異なる文型として，この順で，導入する。そして直接受身と持ち主の受身は単文であるが，3種の最後に導入される間接受身の「例」は，次のように受身形が「て」形節になっており，その形で産出練習をさせている。

33　『はじめよう日本語初級2　改訂版』(2013 (初版 2006)) も，直接受身は「_____て，_____られる」という複文主節末に，持ち主の受身・間接受身では「_____られて，_____。」のように「て」形節に受身が出現する例文が基本となっている。

```
Ⅲ　わたしは　□□□□□に　Ⅴ（ら）れます　。
```

例）　わたしは　きのう　雨に　降られて、困りました。

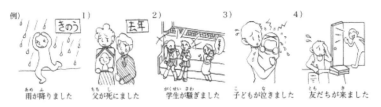

図15　『初級　語学留学生のための日本語Ⅱ』（2002）p. 84

②『日本語初級2 大地 メインテキスト』（2009）

　この教科書の第 36 課は，直接受身・持ち主の受身・間接受身をいずれも扱い，直接受身（2-1・2-2・2-3）・持ち主の受身（3-1）は単文末の産出練習になっている。それに対し，間接受身の練習問題である 3-2 では，次のように「て」形節末に受身が来る文の産出練習をさせている（p. 36）。

(8)　　A：どうしたんですか。

　　　　B：ゆうべ酔っ払いに騒がれて，大変だったんです。

　　　　　例）酔っ払いが騒ぐ

　　　　　1) 蚊が刺す　　2) 友達が急に来る

　　　　　3) 雨が降る　　4) 子どもが泣く

③『学ぼう！にほんご　初級2　第3版』（2013）

　この教科書は第 31 課で受身を (1) ～ (3) に分けて教えているが[34]，練習問題の中に多くの従属節を取り入れている。

　まず，直接受身を教える際に（受身 (1)，p. 84），受身形を複文主節に産出させる練習がある。これは従属節と主節の主題を一致させるという受身の

34　続く第 32 課では「受身 (4)」として非情の受身を教えるが，ここには引用節に受身が使われている例のみがあり，他の従属節はない。（例：今度，コンサートホールで，クラシックのコンサートが開かれると書いてあります。(p. 95)）

機能を教えているように見受けられる。

　　(9)　練習 3　例：わたしは　子どものとき　母を　亡くしたので，
　　　　　　　　　　　（祖母が　私を育てました）。
　　　　　　　　→　わたしは　子どものとき　母を　亡くしたので，
　　　　　　　　　　祖母に　育てられました。

持ち主の受身を教える際（受身 (2)，p. 87）には次の練習がある。

　　(10)　練習 3　例：犬が　私の手を　かんだ。わたしは　大声で　泣いた。
　　　　　　　　→　わたしは　犬に　手を　かまれて，大声で　泣いた。

間接受身を教える際（受身 (3)，pp. 88–90）には次の練習がある[35]。

　　(11)　練習 2　例：急に　雨が　降った。困った。
　　　　　　　　→　急に　雨に　降られて，困った。

　　(12)　練習 3　例：傘が　ないとき＿＿＿＿＿＿＿，困った。
　　　　　　　　→　傘が　ないとき，雨に降られて，困った。

④ 『はじめよう日本語初級 2　改訂版』(2013)

　この教科書も③と類似の構成と複文練習が取り入れられている。受身は 4
つに分けて教えられており，直接受身では単文末の他，複文主節末の例が使
われている（例：よくいたずらをして，父や母にしかられました）。持ち主
の受身[36]や間接受身では「て」形節が使われている（例 1：後ろの人に背中
を押されて，転んでしまいました。　例 2：となりの人にたばこをすわれて，
嫌でした。　例 3：いっしょにバイトしている人に急に休まれて，たいへん
でした。）。一方非情の受身は単文末（ただし「～されたそうです」の形）で
教えられている。

35　その他，「対話」「会話」の中や「やってみよう」という議論するタスクの説明文など
にも多くの受身形が非文末で出現している。

36　ただしここでは「自分が被害を受けたことについて話」すために受身を使用する練習
となっているため，「後ろの人に押されて，転んでしまいました」のような直接受身の例文
も出現する。

⑤『大学の日本語　初級　ともだち vol. 2』（2017）

　この教科書の第22課は，基本的な例文では受身形が常に単文末に現れるが，項目「4　雨に降られました」（p. 169）の練習問題として，次の練習7，その下に「タスク1」がある。

　　（13）　練習7　例）雨が降る・大変だ　→　雨に降られて，大変でした。

　　　　　　　　　　①友だちがわらう[37]・はずかしい

　　　　　　　　　　②友だちが急に来る・困る

　　　　　　　　　　③キムさんが写真をとる・いやだ

　　　　　　　　　　④となりの人が夜おそくさわぐ・めいわくだ

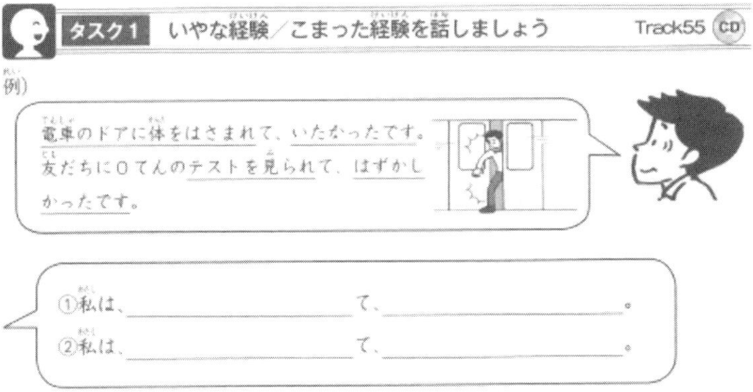

　　　　タスク1　いやな経験／こまった経験を話しましょう　Track55 CD

　　例）

　　電車のドアに体をはさまれて，いたかったです。
　　友だちに0てんのテストを見られて，はずかしかったです。

　　①私は，＿＿＿＿＿＿＿＿て，＿＿＿＿＿＿＿。
　　②私は，＿＿＿＿＿＿＿＿て，＿＿＿＿＿＿＿。

図16　『大学の日本語　初級　ともだち　vol. 2』（2017）タスク1 p.169

また「4　雨に降られました」の文法解説において，示された例文が2例とも，単文ではなく次のように「て」形節に出現するものになっている（p.177）。

　　（14）　昨日の午後，急に雨にふられて，こまりました。

　　（15）　夜遅く友だちに来られて，勉強ができませんでした。

37　①の「わらう」は直接受身であるが，ここに出現している。また③も「（私の）写真」であれば，持ち主の受身になるともいえるが，ここに出現している。よってこのタイプの練習は受身の種類には関わらないと考えるべきで，受身を「受動文」ではなく「受身文」でとらえるべきことがこのようなところにも表れていると見てよいのではないだろうか。

　以上，明示的に受身形を「て」形節で用いる産出練習を取り入れる教科書がすでに多く存在することがわかった。「て」形節を用いるのは間接受身の例文や練習に多く，次に持ち主の受身，そして直接受身の順になっている。どのタイプの受身において「て」形節を活用するかは異なるが，産出練習に「て」形節を用いるこれらの教科書からは，日本語の受身研究の結果を日本語教育が先取りしているという先進性を感じさせる。

3.5.3　受身と複文指導の関係

　山内（2009）は，受身の機能に節の存在が大きく関わることを示して，次のような疑問を提示した（p. 33，下線は引用者による）。

> （16）　上記の…（中略）…発話では，2つの文や節の主語・主題を統一させるために受身が用いられています。つまり，2つの文や節をスムーズに組み合わせるために，受身が使われているということです。単語しか言えず，1つの文や節をしっかり言うことができないような初級レベルの学習者に，受身を教えることは必要なのでしょうか。また，教えれば，きちんと使えるようになるものなのでしょうか。

そしてこの疑問に対し，次の回答を示している（p. 34，下線は引用者）。

> （17）　「（ら）れる」も，中級・上級から超級にかけて，かなり大幅な数値の上昇（約4倍）が見られます。この「（ら）れる」も，厳密に言えば，受身の意味のみを表すものでなく，可能等の意味を表すものも入ってしまっています。ですから，はっきりした結果を述べるためには，さらなる研究の成果をまたなければならないのですが，ここで思い切って結論を述べてしまえば，「のだ」と「受身」は，主に上級で習得され，超級になるとかなり自由に使いこなせるようになるものだ，ということが言えるのではないかと思います。初級で教えても，おそらく使いこなせるようにはならないだろう，ということです。

「初級で受身を教える必要があるのか（不要ではないのか）」とは，しばしば提示される疑問（提案）であるが，教科書に受身がある以上，教授者には

「教えない」という選択の余地がない場合が多い。また学習者の環境により，使いこなすことは期待できないとしても，今しか教える機会がないという状況や考え方もあろう。教授者は (17) を知った上で，少しでも学習者が実際に使える受身文の練習とするために，受身を「て」形節で用いる練習をより積極的に取り入れてはどうだろうか。

　この拡大文型からは，受身文の機能が説明でき，受身とは何かということを理解させる一助とすることができる。受身を学ぶ段階で学習者にとって「て」形は既習であり，また「〜られる」の「て」形は「〜られて」であるため（すなわちグループ 2 の活用），確かに受身形を作ることは難しいかもしれないが，受身形さえ作れれば，その「て」形はさほど難しくはない。少なくとも「先生に褒められました。うれしかったです。」「両親にしかられました。悲しかったです。」のような文連続を扱うのであれば，これを「て」形で接続させた複文で練習させることは，学習者にとってそれほどの負担とは思われない。すでに「て」形を積極的に取り入れている上記の教科書も参考に，受身の学習の中に複文レベルの練習を取り込む工夫をするのは，学習者の受身の理解を助け，さらに複文の習得にも寄与するのではないだろうか。

4.　おわりに

　本稿では次の 3 点について検討した。

　1) 日本語教育に必要かつ有用な「受身の捉え方」すなわち「受身とは何か」についての認識は，どのようなものであるか

　日本語の受身は能動文からの「変形」と捉える「受動文」の捉え方ではなく，「受身文」をそのまま「受身文」として見るほうが良い。そして受身「文」といっても，菊地・増田論文が述べるように「完全文」のレベルを要求する必要はない。動詞の受身形のみでも受身の発話「ミニマムな受身」となりうることを受身指導において活用することは有用である。

　2)「受身の捉え方」を変えることによって，どのように「教え方」が変わるか

　日本語では，受身動詞一語だけでも受身文として成立することを踏まえ，出来事に関与する人物や物事のどちらをガ格（主語）としてとらえるかの違

いが，元の動詞「〜する」と受身動詞「〜される」の違いであることを，動詞の形態練習を通して教えることができる。受身動詞の作り方を教える際に，そのことを意識させることができ，動詞の形態練習は同時に文レベルの練習ともなりうる。受身を最初に習う段階では「語レベルでのミニマムな受身」が作れれば十分であるとの指摘を授業にうまく取り入れていきたい。

　またその後に，完全文のレベルの練習をする場合も，「受動文」の練習とならないよう，元の文（能動文）を完全文で提示しない方法を工夫する。それによって「は」と「が」の使い分けの問題が回避できる。

　3)「教え方」を変える際に，既存の教科書をどのように活用できるか

　教科書のイラストをうまく活用・「加工」して，受身動詞の意味・機能，受身の存在理由を教えることができる。その際，イラストのどの部分を使用するのが適切か，注意が必要である。

　以上3点に加え，現代日本語の受身文の中で，「非情主語一項」型が少なからぬ重要な地位を占めていることを確認し，積極的に初級においても扱うことを検討する意義を述べた。また受身動詞を「て」形節に出現させる文型（拡大文型）が，受身の指導，特に有情の受身のうちの間接受身を教える際には有効であると考えて産出練習を取り入れている教科書が多くあることを見た。

　このような受身の捉え方，非情の受身や「て」形節の積極的な活用は，すでにいくつかの教科書において意図的に取り入れられている点を確認し，日本語教科書の中に見られる「先進性」を改めて認識した。

　本稿が述べてきた提案は，いずれも筆者自身が学習者に対し実践したものではない。果たして本当に日本語教育に有用なものなのか，実践を通じた論考が今後，発表されることを大いに期待している。

調査対象の教科書

『SITUATIONAL FUNCTIONAL JAPANESE VOLUME THREE: NOTES　第2版』(1994) 筑波ランゲージグループ．東京：凡人社．

『SITUATIONAL FUNCTIONAL JAPANESE : NOTES3　第2版』(1994) 筑波ランゲージグループ．東京：凡人社．

『みんなの日本語　初級II　本冊』(1998) スリーエーネットワーク編著．東京：スリー

エーネットワーク.

『初級 語学留学生のための日本語 II』(2002) 岡本輝彦・木川和子・辻本澄子・松井充子. 東京：凡人社.

『JAPANESE FOR BUSY PEOPLE III　改訂第 3 版』(2007) AJALT. 東京：講談社インターナショナル.

『J.Bridge for Beginners 2』(2008) 小山悟. 東京：凡人社.

『日本語初級 2 大地 メインテキスト』(2009) 山﨑佳子・石井怜子・佐々木薫・高橋美和子・町田恵子. 東京：スリーエーネットワーク.

『初級日本語 下　新装改訂版』(2010) 東京外国語大学留学生日本語教育センター編. 東京：凡人社.

『初級日本語 げんき II　第 3 版』(2020) 坂野永理・池田庸子・大野裕・品川恭子・渡嘉敷恭子. 東京：The Japan Times.

『NEJ：A New Approach to Elementary Japanese —テーマで学ぶ基礎日本語— 2』(2012) 西口光一. 東京：くろしお出版.

『できる日本語 初中級 本冊』(2012) できる日本語教材開発プロジェクト. 東京：アルク.

『はじめよう日本語初級 2 メインテキスト 改訂版』(2013) TIJ 東京日本語研修所. 東京：スリーエーネットワーク.

『文化初級日本語 II テキスト 改訂版』(2013) 文化外国語専門学校日本語科. 東京：文化外国語専門学校.

『学ぼう！にほんご 初級 2 第 3 版』(2013) 日本語教育教材開発委員会編. 東京：専門教育出版.

『みんなの日本語初級 II 第 2 版 本冊』(2013) スリーエーネットワーク編著. 東京：スリーエーネットワーク.

『みんなの日本語初級 II 第 2 版 翻訳・文法解説 英語版』(2013) 東京：スリーエーネットワーク編著. スリーエーネットワーク.

『まるごと 日本のことばと文化 初級 2 A2 かつどう』(2014) 国際交流基金編. 東京：三修社.

『まるごと 日本のことばと文化 初級 2 A2 りかい』(2014) 国際交流基金編. 東京：三修社.

『大学の日本語 初級 ともだち vol.2』(2017) 東京外国語大学留学生日本語教育センター編. 東京：東京外国語大学出版会.

『つなぐにほんご 初級 2』(2017) ヒューマンアカデミー日本語学校. 東京：アスク.

参照文献（※本書掲載論文については省略する）

岡葉子・菅谷有子・遠藤直子・白鳥智美・森幸穂・伊藤夏実 (2021)「『理工学系話し言葉コーパス』における受身表現の出現傾向」『日本語 / 日本語教育研究』12, pp. 101–115.

岡部嘉幸（2018）「「非情の受身」のバリエーション──近代以前の和文資料における──」岡崎友子・衣畑智秀・藤本真理子・森勇太（編）『バリエーションの中の日本語史』くろしお出版，pp. 159–173.

志波彩子（2015）『現代日本語の受身構文タイプとテクストジャンル』和泉書院.

張莉（2017）「非情の受身の状態の意味について」『言語資源活用ワークショップ発表論文集』2, pp. 34–39.（http://doi.org/10.15084/00001503）

中村かおり（2015）「受身のコアを伝える視聴覚教材の活用」『拓殖大学日本語紀要』25, pp. 27–38.

仲村怜（2019）「近代翻訳小説における非情の受身文の訳出」『国際日本学論集』第 10 号, pp. 1–16.

仁田義雄（1997）「内容の受身」『加藤正信先生退官記念国語学論集』（明治書院）（『仁田義雄日本語文法著作選 第一巻』ひつじ書房，2009, pp.186–194 再録）

日本語文法学会（編）（2014）『日本語文法事典』大修館書店.

早津恵美子（2020）「第 2 章　ヴォイス」『現代語文法概説』朝倉書店.

韓静妍（2010）「近代以降の日本語における非情の受身の発達」『日本語の研究』第 6 巻 4 号, pp. 47–62.

前田直子（2011）「受動表現の指導と「拡大文型」の試み」『日本語／日本語教育研究』2, pp. 67–84.

町田章（2017）「日本語間接受身文の被害性はどこから来るのか？──英語バイアスからの脱却を目指して──」『日本認知言語学会論文集』17, pp. 540–555.

山内博之（2009）『プロフィシェンシーから見た日本語教育文法』ひつじ書房.

第 7 章

日本語教育の受身の指導法改善と，
被害の有無の識別法
―〈さし向け〉による受身の捉え直しと，その日本語学への提案―

菊地康人・増田真理子

1. はじめに

本稿[1]では，日本語教育での受身の指導法を改善する提案を，具体的に行う。また，これを考える中で浮かび上がってきた〈さし向け〉という概念は，日本語学的にも有効なものと思われ，これについても紹介する。

これまでの日本語教育における受身の問題点は，大別して二つある。

一つは，受身は，学習者にとっても教授者にとっても難しい項目とされており，学習者がなかなか使えるようにならない，という問題である。実際，中級になっても使いこなせない学習者が少なくない。こうした現状に，受身を初級で教えること自体に否定的な立場もあるが[2]，受身は，母語話者による

1　本稿は，日本語教育学会 2014 年度春季大会の大会委員会企画パネルにおける増田の発表「教室における日本語の受身の教育―試みの一つとして―」と，日本語文法学会第 20 回大会 (2019) の記念シンポジウムにおける菊地の発表「文法研究者・日本語教授者・日本語学習者の目で受身を見る―あわせて，被害性の有無にかかわる要因を求める―」が基になっている。なお，既発表のもので本稿の内容に関連の深いものとして，菊地 (2007)，菊地・増田 (2009)，増田 (2014a, b)，菊地 (2019) がある。

2　代表的なものとして，

「(初級では) 受身文を使わなくても，実際のコミュニケーションに不都合がおきることはあまりない。また，受身文のようにむずかしい文法項目を教えても，すぐに使えるようになるわけではない。」「初級では受身文を扱わないほうが，学習者の負担も少なく，

使用頻度の高い項目であり[3]，学習者が触れる機会も多い。中級で教えれば身につくという保証もない。初級で教えるのをやめようとする前に，指導法の改善の余地はないかと考えるべきではないか，というのが，筆者らのスタンスである[4]。〈受身を難しくなく教え，学習者が使えるようにするには，どうしたらよいか〉ということが，第一の課題である。

　もう一つ，被害性についての問題もある。それはまず，一般に，学習者の使う受身が被害性の強いものに偏るという問題であるが，この点を改めて，学習者に被害性のない受身文の使用を促すためには，実は〈学習者が受身文の被害性の有無を，個々の場合について，自力で判断できなければならず，教授者は，それを識別する手がかりを与えなければならない〉という問題にぶつかる。このような〈被害性の問題の解決〉が第二の課題である。

　本稿は，この両方にわたって解決策を提案する。

　具体的には，第一点については，〈受身の分類〉や〈能動文との対応〉を持ち込まずに教える，というものである。第二点の解決は，〈さし向け〉と本稿が呼ぶ概念によって，受身の被害性の有無を識別できる，というものであ

効率的である。」（野田 2005: 4）

　「単語しか言えず，1つの文や節をしっかり言うことができないような初級レベルの学習者に，受身を教えることは必要なのでしょうか。また，教えれば，きちんと使えるようになるものなのでしょうか。」（山内 2009: 33）
のような論がある。これらはともに，「受身は学習者にとって難しい」という前提に立つ主張であるが，本稿は，教え方を改善すれば受身は難しくないという立場からの論である。

3　江田・小西（2008: 18）によれば，受身は，その新書コーパス・小説コーパス・会話コーパスで，それぞれ2位・3位・17位の出現頻度をもつ，「3種のコーパスに共通する高頻度項目」である。

4　これは，受身に限らず，難しいとされる学習項目全般についての筆者らの基本的な考え方である。菊地・増田他（2005）（特に，そのうち，菊地・増田「学習困難項目とどう向き合うか」pp. 292–294）で述べた。

　なお，受身は難しいという前提に立ちながら「高頻度項目」であることにも配慮しようとすると，一方法として，「受身が特に高頻度で使われるいくつかの動詞だけについて，その受身形を「語彙」として（受身という文法現象としてではなく）学習すればよい」という考え方もありうるかと思うが，本稿は，これは採らない。普通に文法現象として教えるのでも，教え方の改善を伴えば，決して難しくないので，当然，種々の動詞についてプロダクティブに受身を作れるほうが望ましい。また語彙として教えても，問題が残る面がある（注21後半参照）。

る。これに関連して，実は日本語学的にも，〈直接受身／持ち主の受身／間接受身〉を〈さし向け〉の観点から捉え直せることや，〈さし向け〉が受身以外のいくつかの言語現象にも説明力をもつことにも，気づくに至った。

　以上が本稿の概要である。以下，第 2 節で〈受身の分類〉について簡単に概観した後，第 3 – 5 節で第一の問題点とその解決を，第 6 – 7 節で第二の問題点とその解決を紹介する。〈さし向け〉については，この概念を第 7 節で導入した後，第 8 – 9 節で日本語学的な関心も含めて補強して述べ，第 10 節では他の言語現象への〈さし向け〉の有効性に触れる。第 11 節は全体のむすびに充てる。なお，無生主語の受身については，本稿では扱わない。

2.　〈直接受身〉〈持ち主の受身〉〈間接受身〉

　日本語の受身に〈直接受身〉〈間接受身〉の区別が行われるようになったのは，初期の生成文法家の研究によるところが大きい。1970 年代にはすでに，

　　　(1)　　〈直接受身〉は対応する能動文の目的語（またはニ格名詞句）を主語とする受身，〈間接受身〉はそれ以外の名詞句を主語とする受身である。

　　　(2)　　意味的には，〈直接受身〉は被害性に関し中立的であり，〈間接受身〉は被害の意を表す。

という把握が行われていた[5]。例えば「彼女に誘われた」「先生にほめられた」は〈直接受身〉，「彼女に泣かれた」「雨に降られた」は〈間接受身〉である。

　(1) について補っておくと，〈直接受身〉vs.〈間接受身〉については，〈意味的に直接的か間接的か〉という区別であるという捉え方もよく行われるところだが[6]，(1) は，これと大体重なるものではあるが，意味的にではなく，

5　(1) にあたることは，しばしば「〈間接受身〉は，能動文的なものと比較して 1 つ多く名詞句をもつもの」という形での定義も行われる（例えば，久野 (1973: 205)，Howard and Niyekawa-Howard (1976: 203)）。これは，格助詞は別途付け加えるものと見る生成文法の立場からは，ヲ格・ニ格という言葉を使って〈直接受身〉を定義することができないためと見られる。上の (1) は，〈直接受身〉〈間接受身〉をシンタクティックに定義するという趣旨を汲んで，実質的に同じことを平易に述べ直したものである。(2) は，例えば Kuno (1973: 302–303)，久野 (1983: 193) などに見てとれる。

6　例えば柴谷 (1978: 135) は，このような捉え方である。

構文的（シンタクティック）に捉えた区別である。

　また，（2）については，〈直接受身〉でも「殴られる」「叱られる」のように被害感のある場合もあるが，これは語彙的な理由による被害感である。つまり，「殴られる」「叱られる」などは，すでに能動文の段階で目的語が被害を受ける意味となっていて，受身にすることで被害の意味が生じるケースではない。これに対して，〈間接受身〉「泣かれる」は，受身にすることによって被害の意味が生じるケースである。「被害（あるいは迷惑）の受身」という場合，後者のように「受身による被害の意味の付加」のケースだけを指し，前者のように動詞の意味による被害感の場合は含めないとする考え方が広く採られており[7]。本稿もこれに従う。この場合，語彙的な被害感のある「殴られる」「叱られる」も，被害感のない上例「誘われる」「ほめられる」も，どちらも括って「中立的な受身」と捉えることになる。

　一方，例えば「母にマンガの本を捨てられた」のように，受身文の主語の所有物が行為を受ける，というタイプの受身がある。これを一類として立て，〈持ち主の受身〉と呼ぶことも，鈴木（1972: 280–281）以来，次第に行われてきた[8]。〈直接受身〉と〈間接受身〉を，意味的に，行為の影響が直接的か間接的かの区別として捉えるとすれば，〈持ち主の受身〉は，大まかにはその中間的なものといえるタイプである。〈対応する「能動文」はないが，「母がマンガの本を捨てた」のような「能動文的なもの」がある〉点は〈直接受身〉寄り，〈被害性は（ない場合も一部あるものの）ある場合が多い〉点は〈間接受身〉寄り，ということもできよう。ただし，〈直接受身〉と〈間接受身〉を上記（1）のように捉えるなら，〈持ち主の受身〉は〈間接受身〉の一種ということになる。

　というわけで，受身の分類については，〈直接受身〉と〈間接受身〉に二分する場合も，〈直接受身〉〈持ち主の受身〉〈間接受身〉（この場合の〈間接受身〉は〈持ち主の受身〉を除いた狭義のもの）に三分する場合もある[9]。

7　例えば柴谷（1997: 1）。

8　〈所有受身〉と呼ばれる場合もある。すでに松下（1924: 324, 1928: 354）にも〈所有物被動〉という名で指摘されている（松下は受身を「被動」と呼ぶ）。

9　なお，〈持ち主の受身〉の位置づけについては，〈直接受身〉と〈間接受身〉の中間的な

3.　日本語教育の受身の問題点（1）
──分類や，能動文との対応の学習負担──

　受身は，初級日本語教育の学習項目の中でも，日本語教育関係者が日本語学の成果を積極的に取り入れてきた項目であり，上のような日本語学的に見た受身の種類が，そのまま初級教科書に取り入れられていることが多い。その際，一般に〈持ち主の受身〉を立てて，有生主語の受身について〈直接受身〉〈持ち主の受身〉〈間接受身〉と三分して捉え（これらの名称までは普通示されないが），この分類に合わせてそれぞれを教えるという方針が，多くの教科書で採られてきた[10]（無生主語の受身は，また別に教える）。

　このような〈受身の分類〉をもとに指導するということは，〈能動文（的なもの）と受身文との対応〉を持ち込むことでもある。〈直接受身〉と〈持ち主の受身〉について，その対応を図式的に示すと，次のようになる。

　　（3）a.　先生は　私を　ほめました。

　　　　b.　私は　先生に　ほめられました。
　　（4）a.　泥棒は　私の　鞄を　取りました。

　　　　b.　私は　泥棒に　鞄を　取られました。

　教科書にこうした図まで載っているわけではないにしても，教授者が黒板

ものと見るもの，〈直接受身〉と同じと見るべきだとするもの，〈間接受身〉と同じと見るべきだとするもの，その他も含めてさまざまな論があるが，ここでは一々引かない。本稿は，第 7 節で見るように，概略的にいえば中間的なものと見ることになるが，それは，〈持ち主の受身〉の中には，本稿のいう〈さし向け〉度の高いものも高くないものもあり，いわば〈直接受身〉寄りのものも〈間接受身〉寄りのものもある，という意味での「中間的」ということである。〈持ち主の受身〉がすべて等しく中間的なある位置を占めるということではない。

10　〈直接受身〉〈持ち主の受身〉〈間接受身〉を分けて示す教科書の早いものとして，『日本語 I 』（1979，東京外国語大学附属日本語学校）がある。同書 31 課．pp. 318–320 の（1）−（4）が〈直接受身〉，（5）が〈持ち主の受身〉，（6）が〈間接受身〉にあたる。受身をこのように分けること自体，実は，日本語教育の側から（同書から），日本語学界に先行して起こった可能性があると思われる（日本語学のほうでは，上述のように〈直接受身／間接受身〉を二分することと，〈持ち主の受身〉を立てることとが，独立に行われている時期であった）。なお同書の編集には専ら鈴木忍があたった旨の記述が「まえがき」にある。この受身の分

等にこのように図示する場合はよくあると見られるし[11]，図は示さないまでも，「両者は〈受身の種類〉が違い，それぞれ能動文（的なもの）から上のようにして作る［他に，能動文的なものを欠くもの（狭義の間接受身）もある］」という趣旨のことを，教授者が伝えることが期待されるわけである。

　このような学習が，日本語教育で普通に行われている受身の学習だといえるが，実は，こうした学習法／指導法に問題があるのではないかと，筆者らは考えた。この指導法の特徴は，まず，日本語学の成果に基づく〈受身の分類〉を，日本語教育での受身の学習の基盤に据えたことであるが，もう一つの特徴として，その〈分類〉に伴って〈能動文（的なもの）と受身文との対応〉も学習の中核をなすこととなり，これらが一体となって，学習者にとっての（教授者にとっても）高いハードルを作ってしまったように思われる。受身が難しく映り，学習が十分成功せず，受身を使いこなせない学習者が多く出てしまうのは，こうした〈受身の分類〉と〈能動文との対応〉に基づく，いわば過度に〈構文〉的な指導法のためではなかろうか。

　さらにいえば，〈能動文と受身文との対応〉となると，「先生は私を叱りました」「私は先生に叱られました」のように，それぞれを主語から始め，ヲ格やニ格も明示したいわば〈完全文〉を２つ比べて対応づける学習になる。現状の日本語教育において──受身の課に限らず──，このように何から何まで言語化する〈完全文〉が多く登場しすぎることも，筆者らは問題だと感じており[12]，もっと普通に使われる短い文を提示すべきだと考えてきた。この意味でも，〈完全文〉での〈能動文と受身文の対応〉による教え方は，支持しがたいものがある。

け方は，鈴木忍・川瀬生郎執筆の『日本語初歩』（1981，国際交流基金）31 課にも引き継がれ，その後，多くの日本語教科書に受け継がれていく。ただし，〈直接受身〉〈持ち主の受身〉だけ扱って，狭義の〈間接受身〉は扱わない教科書もある。

11　こうした図示は，例えば次のような教師用指導書に見られる：『にほんごのきそⅡ 教師用指導書』（1987，海外技術者研修協会編，スリーエーネットワーク）pp.76–77，『続・日本語の教え方の秘訣 上』（1995，有馬俊子著，スリーエーネットワーク）p. 202, p. 206，『みんなの日本語初級Ⅱ 教え方の手引き』（2001，第 2 版 2016，スリーエーネットワーク）p. 118, p. 120。長期にわたって，多くの教室でこのように指導されてきたことであろう。

12　菊地・増田（2009）でその問題点を論じた。

　〈能動文と対応させて，能動文から受身文を作る〉というのは，考えてみれば，英文法の発想である。英語は，能動文（他動詞文）では主語も目的語も表示しなければならず，受身文も主語は必須である。こういう言語なら，〈能動文と受身文を完全文どうし対応させる〉という捉え方で，受身を教育・学習するしかない。だが，日本語はそのような〈完全文〉の言語ではない。それなのに，英文法に倣った〈能動文と受身文の対応〉で受身を教え，そこに〈分類〉まで絡めてしまったことが，日本語の受身を必要以上に難しいものにしてしまったのである。

4.　〈分類〉も〈能動文〉も持ち込まない受身の指導法
―問題点（1）の解決―

　以上の問題点をあわせて考えると，解決の方向として，以下のような構想が生まれる。

　まず，日本語の文（動詞文）を成立させるのは，突き詰めていえば動詞一語でよい。その動詞のところを受身形［＝動詞＋受身の形態素（＋テンス）］にするだけで，受身文は成立する。「叱られた！」だけで受身文なのであり，〈能動文と受身文〉を〈完全文〉どうし対応させることで初めて受身文が成立するわけではない。英語などの受身とは，大きく違う点である。

　日本語は，このように動詞一語で文をなし，その動詞を受身形にすれば受身文になる言語なのだから，むしろこの点に学習者の目を向けることが〈受身を使える学習者〉への道ではないか。具体的には，〈完全文〉での〈能動文vs. 受身文〉は持ち込まずに，〈語レベルでの，「聞く（質問する意）」vs.「聞かれる」のようなミニマムな能動vs. 受身の対応〉を学習の基盤に置くことで，これまでよりも簡単に受身の学習が始められる。〈能動文vs. 受身文〉を棄てれば，ある意味でそれと一体であった〈直接受身〉〈持ち主の受身〉……といった〈受身の分類〉も持ち込まずにすむ。こうすれば，学習負担は大幅に軽くなる。語レベルでのミニマムな対応を理解した後は，適宜，ヲ格・ニ格・主語などを付け加えていけば，到達点に不足はない。

　このように，〈完全文〉も〈能動文〉も〈受身の分類〉も持ち込まず，受身形＝「動詞＋受身の形態素」だけで（初級なので，この後に「ます」を添え

てテンスを付けるが）受身を導入するというのが，〈受身を難しくなく教え，使えるように導く〉ための本稿の指導法の基本方針である。こうした発想の転換を出発点として，筆者らは多年，所属機関[13]において，初級の受身の教え方の改善に努めてきた。より具体的な指導法は，次のとおりである。

　初めは，とりあえず〈語レベルでのミニマムな能動 vs. 受身の形態的・意味的な対応〉を理解することから始める。主語その他の格成分を完全に盛り込んだ〈完全文〉は出さない。具体的には，AとBの二者間で（初めは，A＝教授者，B＝学習者の一人），AがBに対して何らかの行為を行う状況（例えばAがBに何か質問する状況）を作り，このとき，Aは「聞きました」，Bは「聞かれました」であるということを教え，この形の違いが〈行為をする〉vs.〈行為を受ける〉という立場／意味の違いを表すのだという〈動詞の形と意味の対応関係〉をつかませる。あわせて，その形（受身形）の作り方を，とりあえずは口慣らし的に教える。

　この後，同様の例を（初めは既習の語から）増やしていくが，その際，〈直接受身〉も〈持ち主の受身〉も混ぜて提示する。〈持ち主の受身〉は，例えばAがBの持ち物を取り，Aは「取りました」，Bは「取られました」，というように示す。〈直接受身〉と区別して示すことはしない。流れの中で自然に混ぜて行けば，学習者は「聞きました vs. 聞かれました」と同じように受け入れてくれる。動詞形だけの提示・産出は数例にとどめ，「『お国はどちらですか』と聞かれました」「鞄を取られました」のように，動詞に係る語句を少しずつ付加した形での提示・産出に進み，例も増やしていく。助詞については，これらの例の「と」や「を」は，元々が「……と聞きました」「鞄を取りました」だからだと説明すれば，学習者はすぐ理解する。元の能動文の行為者に「に」が付くこと（「先生に聞かれました」「泥棒に鞄を取られました」）だけは新たに教える必要があるが，特段難しいことではない。

　この過程の中で，〈日本語では，受身の主語は基本的に人であり，無生主語の受身は（限られた場合以外は）不可である[14]〉という点も指導する。「（私

13　東京大学日本語教育センター（菊地は2020年3月まで，増田は2021年3月まで所属）。
14　この時点では，とりあえずこう指導する。

の）鞄が／鞄は取られました」は主語が人でないため不可で，「（私は）鞄を取られました」としなければならないこと（先程の「取りました」vs.「取られました」の「取られました」は，「鞄は」ではなく「Bは」なのだということ）を確認する[15]。

〈間接受身〉は，教えることが必須とは思わないが，「（隣の席に／自分が座ろうと思った席に）座られる」「たばこを吸われる」などなら，あえて回避しなくても，以上の〈直接受身〉と〈持ち主の受身〉を区別せずに混ぜて示す過程の中で，これらも，別物という感じを出さずに扱うことができる。

以上を通じて，能動文と受身文の変換練習はしない。上のような方法を採れば，特に変換練習の必要はないと考えるし，〈完全文〉を持ち込みたくないからでもある。

以上が骨子である。〈直接受身／持ち主の受身／間接受身〉という分類を棄てることで学習の負担が軽くなるばかりでなく，これらを渾然一体として見せることで（あわせて，いま触れた「人についての受身なのだ」という点を言い添えることで），学習者は，日本語の受身がどういうものかということ──「自分が他人の行為を受けること」「自分に他人の行為が降りかかってくること」を述べる表現だということ──を，つかみやすくもなる。それがつかめて，産出できるようになりさえすれば，分類は要らないわけである。

以上のようにして，〈受身の分類〉や〈能動文との対応（能動文からの変換）〉といった〈構文〉絡みの縛りを受けずに受身を学ぶ学習者は，授業を受けながら「難しい」という反応を示すことはまずない。負担感なく受身の呼吸を理解し，簡単な産出はすぐできるようになり，同じ時間の中で長めの受身文の産出に拡げても，助詞を誤らずに作れるようになる。

なお，いろいろな例を示す際，意味的に被害性の感じられない例（＝〈直接受身〉の中で語彙的に被害性の感じられないもの）を十分に示し，学習者が「受身＝被害」という印象をもたないように配慮することは重要である。

15　これまでのように能動文からの変換で受身を作る指導法をとると，教授者がその時点で〈直接受身〉と〈持ち主の受身〉の違いを力説しても，「私の鞄は取られました」式の無生主語の受身がどうしても出がちであったが，上のような流れの中で「受身の主語は人だけ」と指導すると，この点の定着もよいようである。

被害性のない受身文も産出・理解できる学習者を育てていくためである。

5. 教室での具体的な練習の例

前節の指導に付随する，より具体的な練習の例も紹介しておこう。

1) 教室に突然現れた人の行為を，その行為を受けた立場から描写する　教室に突然現れた人物が，学習者に対していろいろなことをしたという想定で，それを，そのあと，学習者が〈行為を受けた立場から報告する〉という練習である（実際には教授者が「突然現れた人」の役をするが，教授者ではなく「突然現れた人」として行う）。その人が学生にすることは（その人の発話として述べるなら，学習者に向けて発する言葉は），例えば「君，かっこいいね」「名前教えて！」「ここ，座るよ」「（学習者の持ち物であるチョコレートを指して）食べてもいい？」「（学習者の携帯電話を手にして）ちょっと，この電話使いたいんだけど」「（学習者のノートを指して）これ，ちょっといい？（→持って行ってしまう）」などで，こういう行為を受けたという想定で，学習者たちは，その後，「かっこいいと言われました」「名前を聞かれました」「隣に座られました」「チョコレートを食べられました」「電話を使われました」「ノートを持って行かれました」などと報告の文を産出する。

このタスクは，前節の方針で導入を行う際に，途中から教授者が「突然現れた人」になってこれらの行為をするという形で，導入の一環として行うこともできる。〈学習者たちが，自分に（あるいは学習者の「共同体」に）降りかかってきたことを，それを受けた立場／視点から，その気持ちに即して述べる〉という構図が確保された中で，学習者たちは「受身とはどのようなものか」についての理解を深めながら，固定された状況で，少ない語彙で，わかりやすい受身文を量産することができる。分類は教えていないにもかかわらず，この段階で，分類的にも各種の受身文が言えている。

2) 〈語レベル〉のミニマムな受身に触れる　テレビのCMには，ミニマムな受身が使われているものがあり，それを視聴する。以前のCMで，上司に叱られた主人公（若い女性）が会社の屋上に行き「怒られた！」と大声で叫び，続いて携帯電話に向かって「怒られちゃった…」と言い，彼氏からの「元気出しな！」というビデオメッセージを見て励ましを得るというストー

リーのものがあり（au の CM），筆者らの所属機関では，例えばこの CM を
学習者に見せて，〈動詞の形〉そのものによって受身の意味が確保されるこ
とや，受身を使う状況や心理を感じてもらってきた。また，応用として，病
院での「あの，呼ばれましたか？」「はい，どうぞお入りください」という
会話や，スポーツ観戦中にボールを敵に奪われた場面での「あーっ，取られ
た！」という発話を聴かせ，〈他者の行為についての，自身の立場からの短
い言葉での表現〉に触れる機会を作ってもきた。

3）長い形式の受身に触れる　例えば「家族（彼，彼女，研究室の人）に何と
呼ばれていますか」vs.「家族（彼，彼女，研究室の人）を何と呼んでいます
か」，「日本の友だちに晩ご飯に呼ばれたことがありますか」vs.「日本の友
だちを呼んだことは？」，「好きな人を誘いたい場所ってどこですか」vs「誘
われたい場所は？」，「子どものとき，叱られた（ほめられた）ことがありま
すか」→「誰に叱られ（ほめられ）ましたか」「どうして叱られ（ほめられ）
ましたか」のような文に触れる経験を与える。「vs.」で示した各 2 文は，学
習者が，動詞の形（受身形か普通の形か）に注意して意味処理を行う練習に
なる。長い形式を与えはするが，主語付きの能動文と受身文の対応は持ち込
まない。それを持ち込まなくても，〈動詞の形〉と〈立場（行為をする側か受
ける側か）の確認〉に目を向けさせれば，早い段階で，これらの文の提示・
理解ができるのである。授業では，練習としても使えるが，練習に入る前
に，インプットタスクとして使うことも十分可能である。

　以上のような練習は，受身の理解・習得を促すだけでなく，「受身は〈自
分の気持ちに即して事態を語るためのツール〉なのだ」という気持ちに学習
者をさせる点も大きい。機械的な練習で無味乾燥な叙述文だけを作っていて
は，こういう意識には至らないものである。

6.　日本語教育の受身の問題点（2）
──被害への偏りと，被害性の有無が識別できないこと──

　ここで，初めに触れたもう一つの問題点である被害性の問題に移ろう。

　まず，学習者の使う受身が，被害的な意味のもの[16]に偏りがちだという問題がある。また，受身に接した場合の学習者の理解についても，同じ問題が起こる。例えば，話の相手が「実は昨日，プロポーズされたんです」と言ったのを聞いて，「好ましくない人からプロポーズされて困っているらしい」と誤解する学習者は，中級以上でも少なくない（上級者にもいる）。つまり，受身＝被害という意識が強く，「プロポーズされた」という内容でも，受身が使われている以上「嫌なこと」に違いないと，これらの学習者は推測するのである。こうした被害性についての誤解は，コミュニケーションに支障を来すことにもなる。このような学習者はまた，普通の意味での「プロポーズされた」や「誘われた」は産出できないということでもある。受身＝被害という理解（誤解）が多くの学習者に浸み込んでしまっているのである。

　これには，そもそも日本語教科書による受身の提示の仕方や説明の仕方が，しばしば，受身＝被害という印象を与えがちなものとなっている，という背景がある。日本語教科書では，受身の例文として，〈直接受身〉についても語彙的に被害感のあるものを多くあげる傾向があり，これに，一般的に被害性をもつ〈持ち主の受身〉〈間接受身〉の例文を加えると，受身の例文の7−8割以上を被害感のあるものが占めることも珍しくないし，説明自体が「受身＝被害」という印象を与える説明になっている教科書もある[17]。仮にそ

16　〈直接受身〉〈持ち主の受身〉で語彙的に被害感のあるものと，〈間接受身〉を合わせてのことである（前者が多い）。

17　それぞれの例をあげておく。まず，『文化初級日本語Ⅱ』（2013，文化外国語専門学校）の有生主語の受身の項（31課「本文3」「文型5」「練習 d，e，f」）に登場する受身の形は，異なりで数えて16例，うち14例（87.5％）が被害感のあるものである。具体的には（〈直接受身〉〈持ち主の受身〉〈間接受身〉を問わず，出現順に示す）「押される，踏まれる，こぼされる，叱られる，起こされる（日曜日なのに朝早く），壊される，降られる（雨に），来られる（友だちに来られて勉強できない），泣かれる，汚される，かまれる，刺される（蚊に），とられる（財布を），なくされる」。さらに，「今までにされていやだったことを受身形を使って話しましょう」という練習さえ付いている。被害感のない例は，わずかに「ほめられる」「道を聞かれる」の2例あがっているが，他の例とは区別して※印が付され，例外的な扱いとなっている。

　また，『げんき』（1999，第3版2020，坂野永理他著，ジャパンタイムズ）21課では，受身は，まず被害の表現として紹介され，受身文の主語を"victim"，行為者を"villain"，行為を"evil act"と呼ぶ説明が展開される。ようやく最後に，被害ではない受身があることも言

うでない教科書が使われる場合でも，教授者が，被害性のある例文を前面に出して教える場合もあるようである（おそらく，そのほうが教えやすいという動機からであろう）。学習者が，受身＝被害のように捉え，産出も理解も被害に傾くのは，教科書や教授者にかなり原因があると見られる。

　このような実状を改善し，被害的な意味のものに偏らずに普通に受身を使える学習者を育てようと，筆者らは努めてきた。例えば，受身の例を提示する際も，被害的な意味にならない例を先行させ，量的にも十分に示すようにしてきた。この結果，学習者が，受身を「行為を受ける側に目を向けて述べる場合の表現」として理解し，被害的な意味の場合でなくても，受身を使おうとするようになるのをしばしば目にしてきた[18]。

　ところが，「受身には，被害でない使い方もある」ことを伝えてその使用を促すだけでは，「学習者は被害の意味としてではなく受身を使ったつもりなのに，それを聞いた母語話者からすると，それは被害としか解釈できない」というケースが生じてしまうことがある。例えば「友だちに宿題をされました」のような産出例（実例）がそれである。こう発した学習者は，この文を，「友だちが私の宿題をした」という内容をそのまま視点だけ変えた被害性のない文のつもりで作ったという。だが，実際には，この文は被害性を帯びてしまう。「友だちに宿題をされた」と言うとすれば，「友だちが私に代わって私の宿題をしたが，それは私の望んでいないことだった」「友だちが私に代わって私の宿題をしたが，結果的に間違いだらけで迷惑した」など，何らかの意味で被害を被ったと述べていることになる。それが，聞いた側の母語話者の解釈である。このように，受身文を発したり聞いたりする際に，

い添えられるものの，それは relatively few verbs でのみ起こることとされている。
　これでは，学習者は「受身＝（概ね）被害」と理解してしまうであろう。これらほどではなくても，ある程度同じような傾向をもつ教科書は普通に見られる。多くの教科書の受身の課には，殴られたり，叱られたり，盗まれたりのイラストが満載の状態である。

18　小さな具体例を添えておくと，筆者らの所属機関で初級を終えた学習者が，次の学期に中級クラスの受講申し込みに来たとき，対応した係員に，説明として「先生に，日本語の勉強を続けてくださいと言われました」と流暢に話したことがある。初級を終えたばかりの学習者が，このように実生活の中で，被害性のない受身を自然に発することは，一般にはそれほど頻繁に見られることではない。

被害性の有無の解釈について，学習者と母語話者との間にコミュニケーションの齟齬を来すことが起こりうる。

この原因は，学習者が個々の受身文について，被害性をもつかどうか判断できないということにある。そこで，被害性のない受身文の使用を促すには，「学習者が個々の受身文について〈被害性の有無〉を識別できる方法」を見出して教える必要がある，ということになる。これは，産出のためにも，理解のためにも（上の「プロポーズされた」のような文を正しく理解するためにも）必要なことである。だが，このような課題があること自体，これまでの日本語教育ではあまり意識されてこなかったようである。そもそも，受身＝被害であるかのように教え，それで一応よさそうに思う傾向があったことが，この課題を浮かび上がらせてこなかった面があろう。この問題の具体的な解決策も，一部を除いて，あまり提案されてこなかったといえる。

思い浮かぶ方法は，日本語学の成果を利用して，〈持ち主の受身〉〈間接受身〉なら一般に被害性が出る，〈直接受身〉なら（「殴る」「叱る」のように意味的に被害を与えるような意の動詞の場合以外は）被害性が出ない，と教えるというものであろう。だが，日本語教育では，受身の分類は，受身文を能動文と対応させて理解したり作ったりするための説明として取り入れられてはきたものの，実場面で学習者が自分で作ろうとする文や，見たり聞いたりした文について，それが分類上どのタイプかを識別する（そして，それを被害性の判断に役立てる）という指導は，普通行われてこなかったと思われる。受身の分類についての知識は持っている学習者でも，実場面で，個々の受身文について種類を識別するのは──特に，実際に接した母語話者の文はその多くが〈完全文〉でないこともあり──，実はそれほど簡単なことではないのである[19]。

───────────────

19 「あなた自身が行為を受けるのか，あなたの物が行為を受けるのか」という基準で〈直接受身〉と〈持ち主の受身〉についてだけなら種類の識別ができ，したがって「あなたの物が行為を受ける場合は被害性が出る，あなた自身が受けるなら被害性は出ない（語自体の意味による場合は別）」と整理することは一応できる。だが，〈間接受身〉の「隣に座られた」「たばこを吸われた（行為者本人のたばこを吸う場合）」などについては，この識別基準だと，学習者には「あなたが行為を受けた」ケースだと映り，被害性がないと誤認してしまうこと，また，後で見るように，〈持ち主の受身〉〈間接受身〉でも被害性のない場合や，〈直

　以上のような実状から，もっとシンプルで実効的な，学習者が使える〈被
害性の有無の識別法〉を見出せないものか，ということが，筆者らのもう
一つの課題であった[20]。上述のように，あまり意識されてこなかった課題か
と思われるが，受身の使える学習者を育てるためには重要でもあり[21]，また
「被害性の有無に関わる要因をできるだけシンプルに求める」という，日本
語学にとっても追求する価値のある課題である。

7.　〈さし向け〉による被害性の有無の識別 —— 問題点（2）の解決 ——

　この課題を考察した結果，〈さし向け〉という概念による，次のような解
決に到達した[22]。

　　　(5)　(a)　〈さし向け〉とは「その行為が，行為者から受け手に向けて（＝
　　　　　　　矢印で示されるような「向き」をもって）行われる」ことであ
　　　　　　　り，その有無あるいは〈さし向け〉度の高低（強弱）を問題にす
　　　　　　　ることができる。

　　　　　　(b)　受身文の被害性（受身にすることによって付加される被害性）
　　　　　　　の有無は，当該の行為の，受身文の主語に対する〈さし向け〉
　　　　　　　の有無，あるいは〈さし向け〉の度合いと関係する。すなわち，
　　　　　　　〈さし向け〉があれば被害性はなく，〈さし向け〉がなければ被

接受身〉でも被害性のある場合（語自体の意味によるケースではないもの）もあること，と
いった問題が残る。

20　特に，分類を持ち込まずに受身を教える本稿の方法では，こうした識別法を見出すこ
とは不可欠であった。

21　この課題の重要性への認識は，筆者らが気づいた範囲では田中・舘岡（1992）にも見ら
れる。これについては第 9 節で触れる。

　なお，仮に，注 4 後半で触れた「受身形が高頻度で使われる動詞だけについて，その受
身形を語彙として教えればよい」という考え方で日本語教育を行う場合でも，それら高頻
度の受身形の中には，被害性をもって使われるものも，被害性なしで使われるものもある
ので，この課題に向き合う必要はあるはずである。後で見るように，個々の語ごとに被害
性の有無を覚えればいいというものではない面がある。

22　(5) と同趣旨の内容および後掲の図は，増田（2014a）でも示した。

　　害性がある[23]。度合い（グラデーション）を認めるなら、〈さし
　　向け〉度が高いほど、被害性はない。

　以下、〈さし向け〉をグラデーションと捉えた上で、いろいろな動詞をそ
の上に位置づけ、受身にした場合の被害性との関係を見て、（5）を確認して
いこう。

　[1]〈さし向け〉度が高いもの：人に向けての行為である。人を目がけて行
う「殴る、蹴る、抱きしめる」のような身体接触、「話しかける、聞く、頼
む、誘う、ほめる、叱る」のような人に向けての言語行動、「愛する、憎む、
洗脳する」のような人に向けての心的活動、「（人を）見る、見つめる、送る、
投げる」のような人に向けての視線送りや物の移動などが該当する。これら
は、受身にすると、多くは〈直接受身〉であり、従来の説明「〈直接受身〉は
被害性を表さない」とも符合する。

　ただし、「肩を抱かれる」「絵を／息子をほめられる」のように人の所有物
に対する行為なら〈持ち主の受身〉ということになり、従来の見方だと、〈持
ち主の受身〉でありながら被害性のない、例外的なものとしなければならな
いことになるが[24]、〈さし向け〉によるならば、これらは〈さし向け〉度の高い
ケースなので被害性をもたないとして説明できる。「肩」のような身体部位
への行為は本人に向けての行為にほかならないし、「絵」のような作品への
評価は作者本人に向けての評価も同然、「息子」のような親族に向けての行
為も本人に向けられたものに準じて受け止められる、という見方ができるで
あろう。つまり、こうした語の場合は、〈直接受身〉の用法と〈持ち主の受

23　ここ（および以下）でいう「被害性」とは、「受身にすることによって付加される被害
性」）という意味である。「叱られる」「殴られる」のように「動詞のために被害感が感じら
れるだけで、受身にすることによって被害性が付加されるわけではないケース」について
は、「被害性のある受身（いわゆる被害の受身）」とは見ない。この点はすでに第2節で確
認した。以下、「受身による被害性の意味の付加がない」ことを「被害性なし」と述べる
が、語彙的な理由での被害性をもちうる可能性に注意を喚起するためには、「被害性なし」
の代わりに「被害性に関してニュートラル」という述べ方のほうがよいかもしれない（久野
（1983）などでは「中立受身」という言い方をしている）。

24　久野（1978: 314）は、「山田は、先生に息子をほめられて、得意になった」が被害性を
もたないことを「例外」としていた（ただし、久野（1983: 210）では、「インヴォルヴ」（第
9節で触れる）によってそれが説明可能だと主張するようになる）。

身〉の用法とに截然と線を引かずに，〈さし向け〉度の高いケースとして，基本的に同じ説明原理で扱えることになる。

　さらに，例えば「振り向かれる」は（「人を／人に振り向く」という言い方は普通しないので）〈間接受身〉ということになろうが，「パーマをかけて外に出たら人に振り向かれてちょっとうれしかった」[25] は，被害性がない。これは，まさに〈さし向け〉があるからとして説明できるケースである（第8節でも例を追加する）。

　[2]〈さし向け〉度が中程度のもの：「取る，盗む，隠す，壊す，汚す，食べる，飲む，（モノを）見る，使う，捨てる」といった行為は，あくまでも行為者がモノについて行うことであり，人（所有者）に直接向けられるわけではない。したがって〈さし向け〉度は [1] ほど高くない。これらの行為が，所有者からは「自分の所有物に向けての侵害」のように捉えられた場合の受身は，被害性の感じられる受身ということになる。いわゆる〈持ち主の受身〉が被害性を表すケースであるが，本稿の立場からは，〈さし向け〉度がそれほど高くないために被害性が出るケースということになる。このように〈さし向け〉度が高くない場合は，受身にすると被害の意味を帯びてしまうため，「こちらから頼んで，これらの行為を受けた」ことを被害の意味をもたせずに述べるには，「V てもらう」を使う必要がある。

　ここで再び，[1] に含めた〈持ち主の受身〉の「肩を抱かれる」などを振り返ると，これらは「抱く」「ほめる」のような基本的には人に向ける行為の，その向ける先が身体部位や作品・親族といったその人の所有物であるケースで，[2] のような普通の所有物の場合よりも所有者への〈さし向け〉度が高いことが改めて確認できる。そして，その予測通り，[1] の例は被害性をもたず，[2] の諸例は被害性をもつわけである[26]。

　なお，〈直接受身〉ではあっても〈さし向け〉性が高くないために被害性が

25　Alfonso (1971) が，自動詞の受身だが被害性がないとしてあげている例（その例文5）。「男は女にうなづかれるとすぐに活気づく」（Alfonso の例文4）も類例。

26　無生主語の場合は「この薬はよく使われている」のように被害性はないが，すでにことわったように，本稿は無生主語の受身は関心の対象から外しておく。この項では，「使われる」なら，例えば「妹に化粧品を使われてしまった」のような用法を想定している。

出るケースもあること（「言われる」の一部）を，のちに第8節で見る。

　[3]〈さし向け〉度が低い／ないもの：「休む，やめる（退職する意），帰る，泣く，死ぬ，たばこを吸う，（隣に）座る，荷物を置く，散らかす」など。人に対する行為でも人の所有物に対する行為でもないので，〈さし向け〉度は低い／ない。「同僚に休まれた」「彼女に泣かれた」「たばこを吸われた」など，これらの動詞の受身は，受身文の主語から見て，いわば自分の領域下において（＝領域下の人の行為のために，または，誰かの行為のために自分の領域下の空間において）望ましくないことが起こった（具体的には，断りもなく勝手に行われた，など）という捉え方である。本来〈さし向け〉られた行為ではないのに，自分に降りかかってきたと捉えるのが，まさに〈被害の受身〉なのである[27]。

　以上は〈間接受身〉と重なる例だが，このほか「忘れられる」は，分類としては〈直接受身〉（「名前を忘れられる」なら〈持ち主の受身〉）だが，「忘れる」には〈さし向ける〉意が感じられないので，「ひどいなあ。私，みんなに忘れられちゃった。みんなで企画して集まった会に，私だけ案内がなかった。」などのように，一般に，よくない（被害的な）意味で使われる[28]。

　以上，〈さし向け〉の度合いに分けて，いくつかの例を見てきた[29]。以上から見てとれるように，〈直接受身／持ち主の受身／間接受身〉と截然と分けるよりも，これらとある程度対応するようにしながらも〈さし向け〉の段

27　「来る」「行く」は〈さし向け〉があるかのようにも見えようが，これらは，2地点間の移動を表すだけで，その移動の向きは持つものの，「人（受け手）に向けての行為」という性質を持たないので，〈さし向け〉の要件を満たさない。このため，これらも[3]であり，受身は，「出かけようとしたところに，人に来られた」「いちばん忙しいときに，部下にハワイに行かれた」のように，被害性をもつ。

28　これは語彙的な理由とは見られないように思う。相手が忘れることが望ましい（忘れてほしい）ケースの「忘れる」もあるが，その場合には受身は使えず，「あのストーカー的だった男にやっと忘れてもらって（×忘れられて），ほっとした」のように「Ｖてもらう」を使わなければならない。これを考えると，「忘れられる」は〈さし向け〉がないために常に被害性をもって使われる，という見方でよさそうに思われる。

29　なお，「たばこを吸われた」は，喫煙行為で迷惑した場合は[3]だが，自分の持ち物であるたばこを吸われた場合は[2]である。また，「食べられる」は，「ネズミがネコに」なら[1]，「ルームメイトにケーキを」なら[2]，「新製品のお菓子を人より先に食べるつもりだったのに，ライバルに先に食べられてしまった」なら[3]である。

階／グラデーションとして捉えるほうが，実状にかなった説明力をもつといえる。以上に見た，それぞれの行為と〈さし向け〉度との対応，〈さし向け〉度と被害性との対応，ともに説得力があると思われる[30]。

　以上の要点を図にしておこう（次図）。図の両方向の矢印はグラデーション的に捉えることを示したものであり，その下に例を添えた。〈さし向け〉のグラデーションは，概ねは〈直接受身〉〈持ち主の受身〉〈間接受身〉に対応するものの，そうではない場合もあるということも重要な点である。「被害性の有無は，〈さし向け〉によって捉えるほうが，〈直接受身〉〈持ち主の受身〉〈間接受身〉の区別によって捉えようとするよりも妥当である」というのが本稿の主張であり，これを支持する例を，第 8 節で具体的に追加していく。

```
┌─────────────────────────┐      ┌─────────────────────────┐
│  〈さし向け〉度［高］   │      │   〈さし向け〉度［低］  │
│  ＝「被害性」付加［無］ │      │   ＝「被害性」付加［有］ │
└─────────────────────────┘      └─────────────────────────┘
```

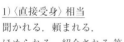

1）〈直接受身〉相当
聞かれる，頼まれる，
ほめられる，紹介される 等
〈持ち主の受身〉相当（一部）
肩を抱かれる 等
〈間接受身〉相当（一部）
振り向かれる 等

2）〈持ち主の受身〉相当
（持ち物を）取られる，見られる，
使われる，捨てられる 等
〈直接受身〉相当（一部）
言われる（一部）

3）〈間接受身〉相当
（人に）休まれる，
帰られる，座られる 等
〈直接受身〉相当（一部）
忘れられる

図　〈さしむけ〉度の高低と，受身文での被害性の付加の有無

　この〈さし向け〉による被害性の識別を学習者に伝えるには，二つ方法がある。一つは，簡単な図示で〈さし向け〉の概念をつかんでもらう方法である。行為者と，行為を受ける人物をともに書いた上で，行為者から行為を受ける人物に向かう矢印を付せばよい。個々の場合について，そのような矢印のあるケースかどうかを考えながら，矢印の有無と被害性の有無の関係を確

30　なお，以上の範囲では，動詞によって〈さし向け〉の度合いを考えたが，第 8 節で見るように，動詞そのもの以外にも，〈さし向け〉の度合いに関係するファクターがある。

認していく。もう一つ，〈行為の成立に相手を必要とする行為〉か〈行為者一人で完結する行為〉か，と言い換えて識別基準にする方法もある。〈さし向け〉度の高い行為はその成立に相手を必要とし，〈さし向け〉度の低い行為は自己完結的であると言ってよさそうで，この点を利用して識別する。「プロポーズする」は相手がいないとできないから「プロポーズされる」は被害性がないが，「宿題をする」は一人でするものだから「宿題をされる」は被害の意になる，というわけである。どちらの方法も，多くの場合，学習者にも容易に判断できる方法である[31]。

8. 〈さし向けと，受身の被害性の関係〉の例の追加，その妥当性

ここまでは，〈さし向け〉の概念と，〈さし向け〉と受身の被害性との関係について，一般的な説明を行ってきたが，以下，いくつか，目を向けておきたい個別的な例をあげる。〈さし向け〉の有無や度合いは，動詞の語彙的な意味だけで単純に決まるわけではない場合があるという諸例であり，また，受身の被害性が〈さし向け〉によってこそ適切に説明できると改めて感じられる例でもある。

　<u>読まれる</u>　「読む」は，普通は字や本などに向けて行う行為で，人に向けての行為ではないため，「読まれる」は一般には被害性のある受身である（「A子に書いたラブレターをB子に読まれた」など）。だが，「読む」が人に向けての行為である場合もあり，その場合は被害性のない解釈が成立する。一例は「ラジオの番組でメール（＝自分が送ったメール）を読まれてうれしかった」。この「読む」（読み上げる意）は「誰々に読む」という能動文が自然な文として成立するわけでもないので，〈直接受身〉とも言いがたい。〈さし向け〉度が高いため被害性がない，という説明がふさわしいと思われる。

　<u>見られる</u>　「友だちにテストを見られた」の「見る」は人に直接向けた行為ではないため，〈さし向け〉はなく，被害性のある受身である。だが，人に視線を向ける「見る」の場合は〈さし向け〉性があるため，その行為を受

31　どちらの方法でも，「叱る」「なぐる」のように，語自体の意味として被害を与える意味があれば，人に向かう矢印があっても（また，相手を必要とする行為でも），その受身は，当然，被害を受ける意味になるという点は，学習者の理解を得る必要がある。

ける（＝視線を受ける）「見られる」は，必ずしも被害性がない。「コスプレを着て街を歩いて，みんなに見られたい」や「あなたは努力している姿を人に見られたいですか？ 見られたくないですか？」（実例：https://noranotora3.blog.fc2.com/blog-entry-231.html）などがその例である。前者は〈直接受身〉だからとして説明することもできるが，後者は「あなた」をヲ格とする能動文は作れず，普通の意味での〈直接受身〉とは言いにくく，〈さし向け〉があるため被害性がない，という説明で解決するケースである。

　雨に降られる，風に吹かれる　「雨に降られる」は，降ってくる雨を直接体に受ける場合と，そうでない形で雨の影響を受ける場合とがある。後者の例としては，「雨に降られて，乗る予定の飛行機が欠航になった」「味噌を仕込むつもりだったが，雨に降られてやめた（雨の日に仕込むとカビが出るため）」などがある。これらではもちろん〈さし向け〉はなく，被害性が明らかであるが，雨を直接体に受ける「雨に降られる」はどうであろう。雨が人に向かってくるという〈さし向け〉性があるようにも感じられるが，実際には「雨に降られて濡れ鼠になった」のような被害感のある用法がほとんどである。これは，「雨が降る」は特定の個人に向かって降るわけではなく，ある程度広い範囲にわたって起こる現象なので，直接雨を受ける場合でも〈さし向け〉性は低いと見られ，そのために被害感のある用法に偏るのであろう。

　「雨に降られる」が雨を体に受けない場合でも使われるのに対し，「風に吹かれる」は風が自分に向かって吹いてくる場合でなければ使われない（「風に吹かれて，乗る予定の飛行機が欠航になった」は，上の「雨に降られて」の欠航の文に比べて，使われないように思われる）。つまり，「風が吹く」は，〈さし向け〉性の低い場合にはなじまず，「人に向かって吹く」という〈さし向け〉性をもつ表現だということになる。ここで思い起こされるのが「涼しい風に吹かれて，ぶらりと外に出た」（久野 1978：314）である（Alfonso（1966: 946）にも類例あり）。この文は，「間接受身＝被害」と見る従来の見方に立てば，その例外とせざるを得ざる文で，説明に困る難題であったが，〈さし向け〉の見方を取れば，「風が吹く」は今見たように人への〈さし向け〉性をもつため，「風に吹かれる」は被害性のない文として成立する，として，困らずに説明できることになる。風を受けた人が（雨の場合に

比べて）自分に向かって吹いてきたと受け止めやすく，それが「吹かれた快
感」の読みを許すのであろう[32]。

　言われる　「言われる」は，受身形として最も使用頻度が高いことが指摘
されている（田中 2005）ので，やや詳しく触れておく。

　「言う」は，誰に対して言うともなく呟く場合もあるが，それは今別として，誰かが誰かに向けて「言う」場合（それを「言われる」と受身で述べる場合）を考えると，これには2つの場合がある。受身文の話者＝「私」とすると，①誰かが「私」に向けて言うことを，「私」が「言われる」と述べる場合と，②誰かが他の人に向けて言うことを「私」の立場から「言われる」と述べる場合である。このうち②は，例えば「山田に，ありもしないことを言われた（大勢に言って回られた）」や「言おう（＝発言しよう）と思っていたことを先に言われちゃった」のような使い方で，これは被害性のある受身である。分類的にも〈間接受身〉であり，本稿の見方でも「私」への〈さし向け〉のないケースなので，どちらによっても，説明はつく。

　これに対して，①は〈直接受身〉と見るべきもので，通説に従えば被害性は出ないと予測されるところだが，実際はどうであろうか。「（国にいる）妻に，来月日本に行くと言われました」と日本語学習者が発したら，聞いた人は，この人が，妻が日本に来ることを歓迎していないように（＝被害の受身として）理解するであろう。だが，実は，この学習者は，妻が日本に来ることを心待ちにしていたのである[33]。第6節で見た「宿題をされた」と同様，学習者は被害の意味としてではなく受身を使ったつもりなのに，聞いた母語話者には被害としか受け取れない，というケースである。このように，構文的には〈直接受身〉でありながら，被害性を持つ場合がある。一方，「みんなに，いい発表だったと言われた」「先輩に，頑張れと言われた」「彼に，一緒に旅行しようと言われた」「妻に，買い物につきあってと言われた」などは，

32　「風に吹かれる」に被害性がないことについては，久野（1978: 314）は例外としていたが，久野（1983: 211）では「インヴォルヴ」（第9節参照）があるからとして説明可能であるとしている。後者における説明は，本稿と同様の考え方のように読めるが，「風が身体に当たった時の実感」云々といった説明で，明快さに欠ける憾みがある。

33　この例は，以前，筆者らの所属機関の教授者の一人が報告してくれた実例である。

被害性をもたない。

　これらを〈さし向け〉の観点から説明できるであろうか。今あげた被害性のない 4 例は，「言う」人から「言われる」人への直接的な評価述べや働きかけ（励まし・誘い・依頼など）で，〈さし向け〉性が高いので被害性をもたないとして説明できる。これらに比べて，「妻に，来月日本に行くと言われた」は，妻が「私」に〈さし向け〉て発したものと一応は見られそうにも思うが，この文が被害性を感じさせるということは，今の 4 例に比べて，単に自分の予定を述べているだけなので〈さし向け〉度が低いと見るべきなのだろう。だが，ここで興味深いのは，同じように「相手が自分の予定を述べるのを聞いた」という内容でも，「妻に，来月日本に［行く<u>よ</u>／行く<u>からね</u>／行こ<u>うかな</u>］と言われた」のように，相手の発話の末尾に終助詞等を付加した直接話法の形をとれば，相手（妻）から「私」（この受身文の話者）に向けての〈さし向け〉度が高まり，被害性を感じさせない解釈が可能になることである[34]。これも，〈さし向け〉による被害性の有無の説明を支持する例になるであろう。

　〈さし向け〉は，多くの場合には，人に向けた行為かどうかということで，その有無を捉えればよいと思われるが，この「言われる」やすでに見たいくつかの例を考えると，実は，動詞一語で決まるわけではなく，それ以外の諸要因——状況・文脈，「言う」の場合ならその内容，終助詞の有無など——も加えて総合的に〈さし向け〉度（「言う」の場合なら「相手に向けて言う」と捉えられる度合い）を測り，それに応じて被害感の強弱を読み取る，という考え方をすべきものなのではないか（少なくともそういう場合がある）と思われる。概念自体は明瞭であるが，実際の認定には諸要因がかかわることがある，という性質のものなのだと考える。

　以上のように「〈さし向け〉の有無や度合いによる受身の被害性の説明」という前掲 (5) の妥当性を示す例は種々見出され，従来の〈受身の種類による被害性の説明〉に比べて〈さし向け〉による説明のほうが本質を捉え，的を射ているように思われる。簡単に振り返っておくと，〈直接受身〉だが〈さ

34　この点は増田 (2014a) でも触れた。

し向け〉性がない／弱いために被害性が出る「忘れられる」（第 7 節［3］）や「言われる」の一部（本節），〈持ち主の受身〉だが〈さし向け〉性があるために被害性が出ない「肩を抱かれる」「息子をほめられる」など（第 7 節［1］），〈間接受身〉だが〈さし向け〉性があるために被害性の出ない「振り向かれる」（第 7 節［1］）や「風に吹かれる」（本節）などの諸例が，このことを示すといえる。

(5) のような結果となる理由は，

    (6)   行為をさし向けられた人を主語として，その立場から述べる場合は，単に〈視点を交換した文〉としての受身文（＝被害性を表すわけではない受身文）となる。一方，行為をさし向けられたわけでもない人をあえて主語にして，〈その行為による「影響」を受けた〉と述べる場合は，その「影響」をアピールする受身文なので，被害感が出る。

として，説明できるのではないかと思われる[35]。

9.　関心の近い先行研究

本稿の関心に近いものとして，日本語学・言語学では久野（1983）の「インヴォルヴ」が，日本語教育では注 21 で触れた田中・舘岡（1992）があるので，本稿との違いを含めて簡単に触れておこう。

まず，本稿の〈さし向け〉は，久野（1983）の「インヴォルヴ」に似ているという印象を受ける向きも多かろう。本稿の筆者らは，受身文の被害性について説明する原理を求めるにあたって，「インヴォルヴ」に倣ったり，これを改訂したりするところから始めたわけではなく，学習者にわかりやすい原理を求めて出発したのだが，得られた答〈さし向け〉は，結果として「インヴォルヴ」と似た面を持っていることは確かである。だが，例えば次のよ

35　Alphonso（1971）が被害ではない例としてあげている「きれいなお嬢さんに泣かれると，ちょっとうれしいものだ」（例文 3）や「かわいい子に隣に座られて，喜んでいるおじいさん」（例文 19b）は，「被害」ではないものの一種の「影響」（偶発的な降りかかり）がアピールされているケースだと見られよう。「快感の降りかかり」とも読める点で珍しい例だとはいえようが，「さし向けられていないのにあえて受身にすることで，降りかかり感がアピールされる」という事情は，被害の場合と共通していると見られる。

うな点で違いがあることに触れておきたい。

　まず，〈さし向け〉は，個々の例への適用にあたっては多少の補足説明を要する場合もあるにせよ，概念そのものは，ごく平明なものである（学習者への説明に使えるように，それをめざしたといえる）。「インヴォルヴ」は，ここで久野（1983, 1986）の種々の記述を引くことはしないが，いささか難解なものであったと言わざるを得ない。

　また，〈さし向け〉は，「行為そのものが，行為者から，受け手に向けられる（矢印で示されるような「向き」をもつ）行為である」という action-oriented な概念であり，「行為の結果として，受け手への影響がある」という result-oriented な概念ではない。久野（1983: 204, 1986: 73）の「インヴォルヴ」の説明は，result-oriented な概念と読めるものである[36]。

　もう一点，〈さし向け〉は，単に動詞一語を見てその有無や度合いを認定できる場合もあるが，先程のいくつかの例のように，その動詞の語としての意味だけで決まるのではなく，文脈・状況，また終助詞等まで，種々の要因が加わって〈さし向け〉度が決まると見られるものである。「インヴォルヴ」も，そのように拡げて捉えていく可能性を持つものなのかもしれないが，久野の記述からはそこまでは読み取れない[37]。

　一方，田中・舘岡（1992）は，学習者のために被害性の有無を判断する手がかりを求めた，本稿と同じ動機からの研究である。具体的には，「動詞の構文」としていくつかのタイプを立てた上で，そのタイプとの関係で動詞を分類して「動詞分類表」を作り，そのどの類に属するかによって，受身にした場合の被害性の有無を整理しようとしたものである。あわせて，「対

36　黒田（1985: 73）は「インヴォルヴ」を「何らかの意味で状態に変化を蒙る」意として捉え直し，この概念は「作用性」と呼ぶほうがふさわしいとした上で，これによって受身の被害性を捉えようとし，柴谷（1997）も「インヴォルヴ」に代えて「関連性」を導入して説こうとするが，これらも result-oriented な概念で，〈さし向け〉とはさらに乖離があるように読める。

37　ただし，「インヴォルヴ」が受身の被害性に関係するという仮説の説明として久野（1983: 205）が述べていることは，本稿の上記（6）に通うもののように読める。もっとも，本稿は，久野や柴谷のいう「（インヴォルヴ／関連性を欠く場合の）意味補給」のような考え方は導入しない。そのように言わなくても（6）だけで説明できると考える。

象（受身文の主語）への働きかけが直接的であるかどうか」(p.243) が被害性にかかわる要因であるという一般性についての指摘もあり，この点は本稿の「〈さし向け〉と被害性の関係」の発想に通うものといえる。ただし，田中らはこの一般性は前面に出さず，動詞分類に基づく識別法というまとめ方になっており，学習者にとっては，識別にはこの分類表が必要という結果になっている点で，本稿の指導法とはかなり違うものになっている。また，久野と同様，動詞一語を見るだけではカバーしきれない場合についての指摘はない。

10. 〈さし向け〉の，他の言語現象への有効性

　以上，受身の被害性にかかわる要因として〈さし向け〉を提案してきたが，実は，この〈さし向け〉は，受身以外の言語現象にも説明力をもつ概念のようである。最後に，このことに触れておきたい。これまでに筆者らが気づいた3つの場合をあげておく。

1）「Vてもらった」が，受益者からの働きかけなしに使える条件

　「Vてもらった」には，1）〈こちら（＝恩恵を受ける側）から働きかけて，相手にその行為をしてもらった〉場合と，2）〈こちらからの働きかけなしに，相手がその行為をしてくれた〉場合とがある。このうち，1）のほうは，動詞によらず，制約なく使えるが，2）の意味では，使える場合と使えない場合がある[38]。例えば「貸してもらった」「教えてもらった」は，1）2）どちらでも（＝こちらから頼んでいても，頼んでいなくても）使えるが，「電気を点けてもらった」「パーティーに行ってもらった」は，1）の〈頼んだ場合〉しか使えず，2）の〈頼んでいないのに相手がそうしてくれた場合〉には使えない。

　このように「Vてもらった」が2）の意味で使えるかどうかを分けるのは，実は〈さし向け〉度なのではないかと見られる。「教える」「貸す」のように〈さし向け〉度が高ければ，こちらからの依頼がなかった場合にも使えるが，「電気を点ける」「パーティーに行く」のように，こちらへの〈さし向け〉がなければ，2）の意では（＝頼んでいない場合には）使えない，と概ねいえる

---

[38] 「Vてくれた」は，動詞にかかわらず，1）2）どちらの場合にも使える。

ようである。「貸す」「教える」でも，自分に向けられるのではない場合，例えば相手が A 君に貸し，それが話し手にとって恩恵になることを「A 君に貸してもらった」と言う場合は，こちらへの〈さし向け〉度は下がるので，頼んだ場合でなければ，こう言いにくくなると思われる。自分に〈さし向け〉られた恩恵を得た場合には，自分のほうから働きかけていなくても「V てもらった」と言いやすくなる，という心理は，理解できるところである。

2)「お（ご）……になってくださる／お（ご）……になっていただく」の使用条件

「お（ご）……になる」のテ形に「くださる／いただく」を続けた「お（ご）……になってくださる／お（ご）……になっていただく」は，形としてはあってよい形である。だが，このうち「になって」の部分を削除した形にあたる「お（ご）……くださる／お（ご）……いただく」のほうは自然な敬語形として頻用されるのに対し，「になって」を含む形のほうは，しばしば不自然な表現となる。例えば「お教えくださる／お教えいただく」は自然だが，「お教えになってくださる／お教えになっていただく」のほうは，第一印象では多少とも不自然に感じられるであろう。具体的な文で確認すると，例えば「先生は私にいろいろお教えくださった／私は先生にいろいろお教えいただいた」はよいが，「先生は私にいろいろお教えになってくださった／私は先生にいろいろお教えになっていただいた」は多少とも違和感がある。

だが，よく観察すると，教える対象が話し手自身である場合には，こうした違和感があるが，教える対象が話し手自身でなく第三者である（それが話し手にとっての恩恵となる）場合には，「お教えになってくださる／お教えになっていただく」も違和感なく響くことに気づく。例えば，「いちばん厄介なクラスを，○○先生がお教えになってくださった／○○先生に，いちばん厄介なクラスをお教えになっていただいた」は，同僚教師の言う文として自然であろう（「になって」を削除した文も可ではあろうが）。つまり，受益者への直接的な〈さし向け〉の有無・度合いが「お（ご）……になってくださる／お（ご）……になっていただく」の適否を分ける（＝直接的な〈さし向

け〉があると，この形が許されにくい）のだと見られる[39]。「お（ご）……になる」という形をはっきり含む「お（ご）……になってくださる／お（ご）……になっていただく」は，この「なる」が起源的に「自然にそうなる」の意をもつため，直接的な〈さし向け〉を伴わない場合との相性がいい，ということかとも思われる。

3) 謙譲語 I との関係

謙譲語 I（名称は『敬語の指針』による）の高める対象については，以前から種々の規定が試みられてきたが，格との関係では規定しきれず，何らかの意味的なアプローチが必要なことは確かであった。『敬語の指針』で採られた〈向かう先〉という規定は的中率が高いと思われるが，これは，本稿ふうにいえば〈さし向けられた先〉だといえる。

例えば「お誘いする，お呼びする，お見せする，お届けする，ご案内する，ご招待する，ご説明する，ご報告する」などは——これらはヲ格・ニ格の人物を高めるという説明もできるケースではあるが——，いずれも意味的に〈さし向け〉性を持つ語であり，その〈さし向け〉られた先（＝『指針』のいう〈向かう先〉）を高める[40]。

「（相手のために物を）お取りする」「（料理人が料理を）お作りする」「（相手の必要なことを）お調べする」「（自力で読むのが困難な人に向けて，声に出して）お読みする」「（相手の必要な物を）ご用意する」などは，ヲ格・ニ格としての人物を想定できないケースだが，これらの場合も〈さし向け〉は説明力を持つ[41]。例えば，物を相手に向けて差し出してこそ「お取りする」

39　以上と同趣旨のことは，〈さし向け〉の語は使っていないが，菊地（1994: 171–172, 1997: 210–212）で述べた。前田（1989: 71）にも，「お（ご）……になっていただく」についてだけであるが，同趣旨と読める指摘がある。

40　「お借りする」「いただく」などには注釈が必要で，『指針』は次のように述べている。「「先生からお借りする」の場合は，「先生」は，物の移動の向きについて見れば〈向かう先〉ではなく，むしろ出どころであるが，借りる側からは，先生が〈向かう先〉だと見ることができる。」(p.16) つまり，「借りるという行為が〈さし向け〉られる先」と見れば，一貫性を保持でき，例外ではないという見方である。本稿でもこの考え方を採る。

41　「人に料理を取る」「人に資料を用意する」などと言えるとすれば，ニ格の人物を高めるという説明も成り立つが，こう言えるか，際どいところである。仮にそう言えるとしても〈さし向け〉の説明のほうが直観にかなうであろう。

といえるのであって，相手に渡さずに自分が持ち続ける場合には「お取りする」とは言えないわけである。他の各例も人に向けての行為であり，そうでなければ，これらの「お（ご）……する」は使えない。

また，例えば，「お使いする」「お食べする」「お飲みする」などと言わない（相手からもらった物や相手の作った物であっても言わない）のは，人に向けて使う（食べる，飲む）わけではないから，として説明できよう。

このように，「謙譲語Ⅰの高める対象」の規定は――また，関連して「どのような動詞が謙譲語Ⅰになりうるか／謙譲語Ⅰの代表形「お（ご）……する」はどのような動詞について作れるか」についても――，〈さし向け〉/〈向かう先〉による規定・捉え方が，妥当性が高いと見られる[42]。

以上，〈さし向け〉が要因となっていると見られる現象を，受身を含めて 4 つあげた[43]。

11.　むすび

以上，日本語教育での受身の指導法を改善する提案を行った。要点は，〈完全文〉での〈能動文と受身文の対応〉は扱わず，動詞の形（受身形）だけをもとに受身の指導に入り，あとは付け加える語句を増やしていくこと，その際，〈直接受身〉〈持ち主の受身〉〈間接受身〉という〈受身の分類〉は持ち込まず，これらを同じものとして学習者の目に映すこと，被害性の有無の識別については〈さし向け〉によって指導すること，とまとめられる。

この方法で，学習者は（教授者も），〈受身の分類〉や〈能動文と受身文の対応〉といった過度に〈構文〉がかかわるハードルを取り払って学習できるので，負担も軽く，理解度も高くなる。また，簡単な一語文から入り，その後，教室での自らの経験（教授者や「教室に突然現れた人」にされたこと）

42　このことについては，菊地（2022）でもう少し詳しく触れた。

43　どれにも〈さし向け〉が関わっていると見られるが，〈さし向け〉度のスケール上での「境界」となる位置は，現象ごとに，同じとは限らないと思われる（例えば，受身で被害性の有無の境界をなす位置と，「Ｖてもらった」が受益者からの働きかけなしに使えるかどうかの境界をなす位置は，同じではない可能性はある）。

を簡単な語彙を使って受身で述べる練習をすることで，受身が身近なものと
なり，受身の最初の授業の中で受身文をたくさん産出できる。〈能動から受
身への言い換え練習〉などとは違う，こうしたタスクを通して，受身が「自
分が他人の行為を受ける／自分に他人の行為が降りかかってくる」ことを述
べる表現であること，特に〈自分の気持ちに沿ってそれを語るツール〉であ
ることを実感し，使うモティベーションも高まる。被害性の有無についても
識別力がつき，被害に偏らずに受身が使える学習者になっていく素地ができ
る。——というように，これまでの教え方に比べて，メリットが多い。

　本稿としては，実践に支えられたこうした提案をすることで，「難しいよ
うだから教えるのをやめよう」という近年の風潮に対しても一石を投じ，他
の「学習困難項目」についても，教えるのをやめる前に，教え方を改善する
努力をする余地があるのではないかと，日本語教育関係者に問いかけたい。

　また，本稿は，指導法の改善を考える過程で，受身の被害性にかかわる
要因を改めて求めることとなり（これはすでに日本語学のテーマであるが），
その日本語教育にも活かせる答を求める中で，〈さし向け〉という，シンプ
ルで妥当性の高い概念に到達した。しかも，これが，他の言語現象への説明
力ももつことも明らかになった。これまでの日本語教育と日本語学の関係
は，日本語学の成果を日本語教育が採り入れるという，やや一方向的な関係
にあったが，もう一つ，〈日本語教育から日本語学への貢献〉という方向の
可能性も探ってよいはずである。本稿は，その実践例としても提出したい。

文　献

菊地康人（1994）『敬語』角川書店．［1997，講談社学術文庫から再刊］
菊地康人（2007）「受身は「難しくて役に立たない」か——現場から考える「初級文法
　　教育，こうしたら」——」『AJALT』30. 国際日本語普及協会．pp.18–22.
菊地康人（2019）「文法研究者・日本語教授者・日本語学習者の目で受身を見る——あ
　　わせて，被害性の有無にかかわる要因を求める——」（第20回記念シンポジウム
　　「日本語文法研究の射程　第1部　受身文研究の現在地」）『日本語文法学会第20回
　　大会発表予稿集』pp.207–214.
菊地康人（2022）「『敬語の指針』についての覚書と，もう一つの敬語分類案」近藤泰
　　弘・澤田淳編『敬語の文法と語用論』開拓社，pp.17–58.
菊地康人・増田真理子（2009）「初級文法教育の現状と課題——「です・ます完全文」

をテンプレートとする教育からの転換を——」『日本語学』28-11（9 月号）. 明治書院. pp.64–74.

菊地康人・増田真理子・前原かおる・本郷智子・大関浩美（2005）「現場から発信する「もうひとつの日本語教育文法」—— 日本語教師だからこそ見えること・できること——」『2005 年度日本語教育学会春季大会予稿集』, pp.283–294.

久野　暲（1973）『日本文法研究』大修館書店.

久野　暲（1978）『談話の文法』大修館書店.

久野　暲（1983）『新日本文法研究』大修館書店.

久野　暲（1986）「受身文の意味——黒田説の再批判——」『日本語学』5-2（2 月号）. 明治書院. pp.70–87.

黒田成幸（1985）「受身についての久野説を改釈する——一つの反批判——」『日本語学』4-10（10 月号）. 明治書院. pp.69–76.

江田すみれ・小西　円（2008）「3 種類のコーパスを用いた 3 級 4 級文法項目の使用頻度調査とその考察」『日本女子大学紀要文学部』57, pp.1–28.

柴谷方良（1978）『日本語の分析』大修館書店.

柴谷方良（1997）「「迷惑受身」の意味論」, 川端善明・仁田義雄編『日本語文法　体系と方法』ひつじ書房, pp.（左）1–22.

鈴木重幸（1972）『日本語文法・形態論』むぎ書房.

田中真理・舘岡洋子（1992）「構文と意味の面からみた「受身」と「〜てもらう」の使い分け——「迷惑・被害の受身」の考察を通して」『ICU 日本語教育研究センター紀要』2, pp.235–256.

田中道治（2005）「話し言葉の受身文——「言われる」を中心に——」『日本語・日本文化研究』11, 京都外国語大学留学生別科, pp.66–79.

野田尚史（2005）「コミュニケーションのための日本語教育文法の設計図」, 野田尚史編『コミュニケーションのための日本語教育文法』くろしお出版, pp.1–20.

文化審議会（2007）『敬語の指針』（答申）https://www.bunka.go.jp/keigo_tousin.pdf

前田広幸（1989）「動詞敬語の相互承接について——句構造文法理論を用いた構文論的説明——」『言語研究』96, pp.61–86.

増田真理子（2014a）「教室における日本語の受身の教育——試みの一つとして——」（大会委員会企画パネル「産出のための文法を考える——受身を例として——」）『2014 年度日本語教育学会春季大会予稿集』pp.30–32.

増田真理子（2014b）「コーパス研究を教育現場に活かすための課題——日本語の受身を例として——」（公開シンポジウム「コーパス研究を踏まえた新しい日本語教育にむけて——何を活かすか, どう活かすか——」日本女子大学, 2014.12.20）, 当日配布資料.

松下大三郎（1924）『標準日本文法』紀元社.

松下大三郎（1928）『改撰標準日本文法』紀元社. ［1974, 勉誠社から再刊］

山内博之（2009）『プロフィシェンシーから見た日本語教育文法』ひつじ書房.

Alfonso, Anthony（1966）*Japanese Language Patterns : A structural approach* Ⅱ. Tokyo:

Sophia University.

Alfonso, Anthony（1971）"On the "adversative" passive," *The Journal-Newsletter of the Association of Teachers of Japanese*, Vol.7 No.1, pp.1–7.

Howard Irwin and A. M. Niyekawa-Howard（1976）"Passivization," in Shibatani, M.（Ed.）*Japanese Generative Grammar（Syntax and Semantics 5）*, New York: Academic Press, pp.201–237.

Kuno, Susumu（1973）*The Structure of the Japanese Language*, Cambridge, Mass.: MIT Press.

執筆者紹介

志波彩子（しば あやこ） 第1章

東京都生まれ。東京外国語大学大学院博士後期課程修了。博士（学術）。東京外国語大学研究員などを経て，現在，名古屋大学人文学研究科准教授。著作・論文に『現代日本語の受身構文タイプとテクストジャンル』（和泉書院，2015），「受身，可能とその周辺構文によるヴォイス体系の対照言語学的考察—古代日本語と現代スペイン語—」（『言語研究』158，2022）など

村上佳恵（むらかみ かえ） 第2章

山形県生まれ。学習院大学大学院人文科学研究科博士後期課程修了。博士（日本語日本文学）。東京国際大学助教などを経て，現在，法政大学社会学部講師。著作・論文に『感情形容詞の用法—現代日本語における使用実態—』（笠間書院，2017），「現代日本語の形容詞分類について—様態のソウダを用いて—」（『日本語文法』，2012）など

庵 功雄（いおり いさお） 第3章／編者

1967年大阪府生まれ。大阪大学大学院文学研究科博士後期課程修了。博士（文学）。大阪大学文学部助手などを経て，現在，一橋大学国際教育交流センター教授。著作に『日本語指示表現の文脈指示用法の研究』（ひつじ書房，2019），『一歩進んだ日本語文法の教え方1, 2』（くろしお出版，2017, 2018），『やさしい日本語—多文化共生社会へ—』（岩波書店，2016），『新しい日本語学入門（第2版）』（スリーエーネットワーク，2012）など

大関浩美（おおぜき ひろみ） 第4章

東京都生まれ。お茶の水女子大学大学院人間文化研究科博士後期課程修了。博士（人文科学）。東京大学留学生センター非常勤講師などを経て，現在，麗澤大学国際学部・大学院言語教育研究科教授。著作に『フィードバック研究への招待』（編者，くろしお出版，2015），『日本語を教えるための第二言語習得論入門』（くろしお出版，2010），『第一・第二言語における日本語名詞修飾節習得過程（くろしお出版，2008）など

定延利之（さだのぶ としゆき） 第5章

1962年大阪府生まれ。京都大学大学院文学研究科博士後期課程修了。博士（文学）。神戸大学国際文化学部助教授などを経て，現在，京都大学大学院文学研究科教授。著作に『コミュニケーションと言語におけるキャラ』（三省堂，2020），『文節の文法』（大修館書店，2019），『コミュニケーションへの言語的接近』（ひつじ書房，2016），『日本語不思議図鑑』（大修館書店，2006），『ささやく恋人，りきむレポーター』（岩波書店，2005），『認知言語論』（大修館書店，2000）など

前田直子（まえだ なおこ）　第6章

1964年静岡県生まれ。大阪大学大学院文学研究科博士後期課程修了。博士（文学）。東京大学留学生センターなどを経て，現在，学習院大学文学部教授。著作に『日本語の複文―条件文と原因理由文の記述的研究―』（くろしお出版，2009），『「ように」の意味・用法』（笠間書院，2006），『やさしい日本語のしくみ』（共著，くろしお出版，2003/2020）など

菊地康人（きくち やすと）　第7章

1954年東京都生まれ。東京大学大学院人文科学研究科博士課程単位取得。東京大学助手，専任講師，助教授を経て，教授（日本語教育センター，大学院人文社会系研究科兼担）。現在，国学院大学教授，東京大学名誉教授。1995年金田一京助博士記念賞受賞。著作・論文に『敬語』（講談社，1997），『敬語再入門』（講談社，2010），「日本語教育における「は」と「が」」（『国学院雑誌』122-10，2021）など。

増田真理子（ますだ まりこ）　第7章

1963年生まれ。青山学院大学大学院文学研究科修士課程修了。東京大学留学生センター非常勤講師，専任講師を経て助教授。同センターの改組により，東京大学日本語教育センター准教授。2021年，逝去。著作・論文に「日本語教育における「んですけど。」の扱い」（『習ったはずなのに使えない文法』くろしお出版，2017），「〈談話展開型連体節〉―「怒った親は子どもを叱った」という言い方―」（『日本語教育』109，2000）など。

日本語受身文の新しい捉え方

初版第1刷 ———— 2022年12月23日

編　者 ————庵　功雄

著　者 ————志波彩子・村上佳恵・庵　功雄

　　　　　　大関浩美・定延利之・前田直子

　　　　　　菊地康人・増田真理子

発行人 ————岡野秀夫

発行所 ————株式会社 くろしお出版

　　　　　〒102-0084　東京都千代田区二番町4-3
　　　　　[電話] 03-6261-2867　[WEB] www. 9640. jp

印刷・製本　三秀舎　装　丁　右澤康之